告別懶惰

真懶人寫的懶散擺脫術

智二——著
陳宜慧——譯

笛藤出版

前言

這一切都始於人生即將毀滅的危機感

大家好，我是智二。

事實上，我很懷疑自己能不能寫出就算出版也不會丟臉的內容。我擺脫懶惰的個性至今，只是勉強完成了自己該做的事，與過著勤奮的生活相去甚遠，再加上我不太了解腦科學和心理學理論，也沒有在某個領域取得很大的成就。

但是我知道懶惰的人是如何懶惰、是以何種生活方式度過每一天，並破壞自己的生活節奏；我也很清楚懶散的人為何想腳踏實地生活卻總是失敗，且失敗的時候會有多憤慨，和周遭勤奮的人比較時會有怎樣的心情……關於這些主題，可以參考我幾十年來的懶惰生活，絕對會比任何人說的都更詳細。為了擺脫懶惰的習慣，需要什麼樣的心態才能跨出第一步，我認為比起原先就勤勞的人，懶惰的我來說會說得更精確。

我希望大家能夠冷靜地閱讀接下來的內容，如果發現好方法，就堅持執行。當然，這些都是以我的經驗和個性為基礎寫成的主觀內容，並不是每個方法都適合所有人。如果你認為某些內容不適合自己，不要猶豫，請大膽地跳過。

然而，如果這本書能對想擺脫懶惰的讀者有所幫助，我就別無所求了。希望閱讀這本書的所有人都能從慢性懶惰中解脫，跨出第一步，朝著自己想要的目標一步步走下去。

⊘何謂懶惰？

如果要談擺脫懶惰的方法，首先應該對懶惰做出正確的定義。我們先在字典搜尋看看吧！

懶惰

【形容詞】 懈怠、好逸惡勞，行動緩慢，有不願行動或工作的性格或習慣。

例：你曾見過懶惰的人成功嗎？

……這個例句打得我好痛！乍看之下似乎是很恰當的定義，但仔細思考後卻出現許多疑問。許多勤勞的人不也行動緩慢嗎？就算不懶惰，很多人也都不喜歡工作吧？我覺得僅憑字典上的定義，對了解實際的懶惰是有些不足的。

這次在Google上用關鍵字lazy man搜尋了圖片，大部分的結果都是躺在沙發上拿著遙控器、百無聊賴的樣子。雖然有時也會出現「懶惰的人更聰明」這種看似充滿希望的文章，但是我認為，這雖然能片面體現懶惰的形象，卻也有可能與休息混淆，而且無法說明長時間出現的懶散模式。

在本書中，我所使用的具體且實際的懶惰定義如下：

懶惰

①無止境地拖延、敷衍、裝忙等行爲模式。不僅在小事上，處理重要事情時也是如此。不只會有意識地這麼做，有時也因爲太熟悉這種模式而不自覺地這麼做。

②因爲一次上述的行爲模式而反覆經歷同樣的問題。對內引發自我貶低、罪惡感、無力感等；對外則會因爲沒能處理好工作、給別人帶來損失，無法累積自己的專業經歷，或因沒有成功經驗而缺乏動力。

希望各位能夠領悟到第二點的嚴重性，有意識並努力改正這個問題。現在，讓我們以這個定義為基礎，一步步了解擺脫懶惰的方法吧！

目次

《LEVEL 2》起床到睡覺前，改變生活模式

《LEVEL 3》創造規律的生活

《LEVEL 4》繼續做容易做的事

《LEVEL 5》改變始於扔掉三籃衣服

《LEVEL 6》改變定型已久的習慣

結語

推薦文

我的懶惰年代

二〇一七年六月

結果，今天也沒能打開筆電。

回到租屋處吃完晚餐，我原本打算上三堂網路課程。晚上七點左右，我想著要先休息一下，再回過神卻發現已經過了好幾個小時。

現在已經是晚上十一點半了，怎麼會這樣呢？我開始倒轉腦海裡的記憶，仔細回想過去幾個小時：吃完晚餐後肚子好飽，所以身體就發懶了，我抱著「只休息五分鐘！」的心態躺到床上，但卻躺了二十多分鐘，躺到快睡著才勉強起床。起床後雖然坐到桌子前，但一看見刻在筆電上的標語，就感到異常沉重，我已經厭倦了聽無趣網路課程的日子。我手裡拿著手機，想著：「等看完今天上傳的那篇文章，我就去上課。」但我卻不知不覺看起網路漫畫，並開始尋找夏天可以穿的襯衫，時間仍不斷流逝。

放下手機時已經快十點了。正下定決心至少要上兩堂課再睡覺時，髒亂不堪的待洗碗筷映入我的眼簾。

我的身體卻不想動。

洗碗是世界上最麻煩的工作。「因為一個人生活，所以不會有人幫我收拾，如果我不動的話，待洗的碗就會永遠放在那……」我腦中閃過這些沒有幫助的想法，並不斷推遲洗碗的工作，好不容易才把碗洗好。

洗完碗後，還是不想學習，所以帶著罪惡感讀借來的小說，結果就到了這個時間。

「真不像話！」

對我來說，懶惰，是個雖然不滿意，但不知為何就如影隨形、悶悶不樂，也不會察言觀色的朋友，而且是從很久以前就在一起的老朋友。數十年來，我無數次重複著這種不處理應該完成的事，先去做別的，到了真的無法再拖延的時候，才會敷衍地處理事情，最終什麼也沒做好。這種壓死線的模式我經歷了無數次。

我已經習慣了懶惰的模式，懶惰也習慣了我。我沒必要對二十多年來始終如一的朋友發火，所以我沒有生氣，而是平靜地分析情況。

「嗯，果然今天也沒有達到預期的目標。」

每當這時，我感受到的情緒有四分之三是自責，剩下四分之一再一半是微妙的苦澀，另一半則是茫然和寒心。即使重複同樣的模式，我也不是完全無所謂。我雖然懶惰，但卻很在意結果，所以更加重了這些負面情緒。

「我為什麼會變成現在這樣？我從小就很懶惰，如果國中時就改正，現在會不同嗎？回顧迄今為止的大學生活，我對自己感到很失望。」

在想這些的時候，我也鼓勵自己要打起精神上課，或者快點睡覺，明天再展開充滿活力的一天就好了，但這些不必要的煩惱卻使我再度陷入惡性循環。

「明天我要成為嶄新的人，所以要早點睡。但是我睡不著，還是玩一下手機再睡？」

拿起手機後，我發現爸爸傳給我的訊息：

「讀書很辛苦吧？爸爸媽媽會一直支持妳！」

雖然有點愧疚，但這並沒有成為我改變的契機。我對這樣的自己感到心寒。如果愧疚感能成為付諸行動的契機，那麼早在十年前我就改變了。「今天完了就完了，從明天再真正重新開始吧！」我抱著這樣的心情躺下，這麼告訴自己。

「早點睡吧！」

但再次回過神卻發現自己已經重新打開手機，挑選不是馬上能背的包包、看不是現在可以做的食譜，擷取著生活中不必要的資訊。

不知不覺就凌晨四點，我的頭很痛也很不舒服。我沒有其他事情可做了，但也睡不著，我突然想到這次考試可能也完蛋了，不論是國中還是高中的期中考，或是大學時期的測驗，我都是臨陣磨槍，但是除了我，大家都很認真準備考試。臨時準備是準備不來的，這我很清楚，雖然很清楚，但為什麼我連電腦都不想打開呢？

從明天開始要努力生活才行……我什麼時候才能開始新的一天呢？不，是什麼時候才能開始認真生活呢？

從那開始的十年前

國中入學後，在買作業評量時，我的決心就像往常一樣遠大，一週的作業份量是每門課二十頁，一天三張，三張三張這樣下來份量剛好。

「一天二十分鐘就能完成，不會太累！」

但是人是不會輕易改變的，所以我還是沒有按計劃去做。五年來，我一次也沒有按時完成作業。稍微認真一點的話，星期四會寫四張，老師要檢查的星期五會寫十六張；再更認真一點時，星期三會寫三張，星期四寫四張，星期五寫十三張。

那麼，如果是不認真的一週呢？當然就是在最後一天趕完二十張。評量上沒有解答，而且題目難度偏高，所以絕對不可能一次寫完全部的，為此我想出了很多種解決方法。

我曾跟已經寫完的朋友說，如果幫我寫兩張就給他一百韓圜；也曾和好朋友並排坐，一人寫一邊，有時還會把中間幾張抽出來，以便少寫一點，但不會抽太多以免頁數減少得太明顯。不論用什麼方法，如果最後檢查前還是沒有把評量全部寫完，我總是謊稱：「都做完了，只是忘在家裡。」

由於不寫作業的次數太多，覺得沒臉見老師，所以老師家訪時我會躲在對講機後屏住呼吸，假裝不在家。當時老師應該也知道我在欺騙她吧。

雖然我用各種方法隱藏並拖延這件事，但我始終想著總有一天要寫完累積的所有份量。果不其然，我沒有做到。

上高中後，我決定放棄寫評量，並將之前怕父母發現，藏在家中各處的評量收集起來。我從書包翻出幾本，也在書架中間找出幾張。

當看到這段期間拖延的作業全部聚在一起時，我沒有懊悔，而是以輕鬆的心情計算張數和價錢。

「作業評量一個月三萬韓圜，所以一個是七千韓圜，十個就是七萬韓圜。二十個就……還有這個……那個也很多……」

最後我停止計算，因為心情變得非常沉重，再也算不出來了。對還是學生的我來說，七萬韓圜是一筆大錢。那時我才稍微感受到懶惰的重量，還因為對父母的歉意而流下眼淚，但這種心情也沒有持續很久。

七年後

我偶然開始在冰淇淋專賣店打工。那是我一生中少數喜歡的幾件事之一。挖出冰淇淋並壓成圓形很有趣，看著因為一個冰淇淋而幸福的孩子們也讓人開心。

我可以先品嚐每個月新出的口味，假裝自己是早期採用者（early adopter）。31 冰淇淋的 31 並不是 31 種味道的意思，而是每個月推出一個新口味，就像這樣，我可以在朋友面前炫耀自己懂很多。然而，我在那裡也沒有認真工作。

雖然沒有出什麼大問題，但是站在老闆的立場，還是有令人反感的行為。比如我總是隨便裝冰淇淋，比規定的克數還多八十克；到了需要裝冰淇淋的時候才把乾冰弄碎；裝了飲料之後沒有整理等等，幸好老闆和老闆娘非常寬宏大量，所以我沒怎麼被罵。

但是某天，一群小孩在店裡胡鬧了一陣離去後，桌子上被潑滿了綠色、粉紅色的冰淇淋。

「工讀生，請把那張桌子擦一擦。」

我拿起沾上水的抹布，為了去除多餘的水，我按照平常的方式擰抹布——現在回想，與其說是擰，不如說只是手腕轉動了約五度。抹布出了點水，我就以為擰好了——並開始擦桌子。這時身後傳來了咯咯的笑聲。

「哎喲，活到現在我第一次看到這樣擰抹布的孩子。」

我呆呆地望著老闆娘。

「好好看著吧，親愛的，抹布是這樣擰的。」

老闆娘從我手中搶走仍滴著水的抹布。

「看，像這樣用力擰，能轉多少就轉多少。」

老闆娘把抹布拿在手上，差不多擰了一圈半——原來抹布裡還藏了那麼多水——水不斷流下來，不鏽鋼水槽表面不斷傳來滴水聲。

「原來應該擰到不再出水為止！」

老闆娘滿意地遞給我已經擰好的抹布，我茫然若失地接過。老闆娘擰過的抹布和我擰的抹布從手上的觸感就不同。守在後面的老闆哈哈笑道：

「過了二十歲，終於學會擰抹布了，恭喜妳。」

「謝謝……媽媽應該會很開心吧。」

我拿著抹布擦桌子，領悟到新的事實：如果把抹布擰好，就不會留下過多的水分。擰好的抹布擦桌子時不會留下如蝸牛殼般的痕跡，而過去我擰過的抹布總是在桌面留下水漬。

在那之後，我都會確實地把抹布擰乾，但奇怪的是，我一直沒忘記抹布事件。這件瑣事記憶如此鮮明的原因是什麼呢？也許是因為這是我第一次意識到自己的「懶惰模式」，從各種家事、讀書到文件處理等，我總是像擰抹布一樣敷衍。再進一步來說，我的模式是這樣的：

- ✅ **我假裝已經擰好抹布。＝如果有事，我不會不做。**
- ✅ **但我會不自覺地想用最少的能量完成工作。**
- ✅ **然而事實上，順利結束和草草結束所花的時間／能量並沒有多少差異。**
- ✅ **儘管如此，我仍然重複這種低效率的做事方式。**

舉個例子，媽媽叫我洗碗，我不想洗，但是如果明目張膽地不做，就會聽到媽媽的嘆息，這讓我感到很抱歉，只好去洗，但是會拖到不做不行的時候才會去做，而且做得馬馬虎虎。

國小寫英文作業時，只要有答案我就會抄答案，如果沒有解答，就會隨便答題，裝作自己有認真學習；上國高中和大學也一樣，雖然上課時間都坐在座位上，但我沒有專心聽課，只是一邊看著黑板一邊發呆。

在那麼長的歲月裡，我就像在隨意擰抹布一樣處理一切事情，我心中所累積的成果越來越渺小。雖然我自己也意識到了這一點，但因為一直重複著同樣的模式，所以似乎漸漸忘了什麼是正確做事的樣子。我能夠有好好集中精神做些什麼的一天嗎？

又過了兩年

我的大學生活，從表面上看沒什麼問題，但也跟幾年前隨便擰的抹布一樣，只是裝個樣子。雖然去上課了，卻把手機藏在桌子下偷偷上網，如果沒辦法偷偷滑手機，我就呆呆地盯著黑板胡思亂想。

考試結束後，我馬上就忘了專業知識；寫了幾篇報告，也沒有累積任何素養。另外，雖然非常重要、但不會馬上出現問題的就業準備也一拖再拖。因為學校生活有固定的行程，所以生活作息並沒有完全扭曲。我白天會聽課，和朋友聚會，成績還算過得去，因此我一直認為自己的生活是正常的。

我當時覺得自己沒有任何問題，不管怎樣都會好好的，也總有一天會改變。但畢業後，終於出現危機。我沒有固定的工作，卻要完全自食其力地度過每一天。

我再也無法迴避我的懶惰。

我總是很懶惰的理由

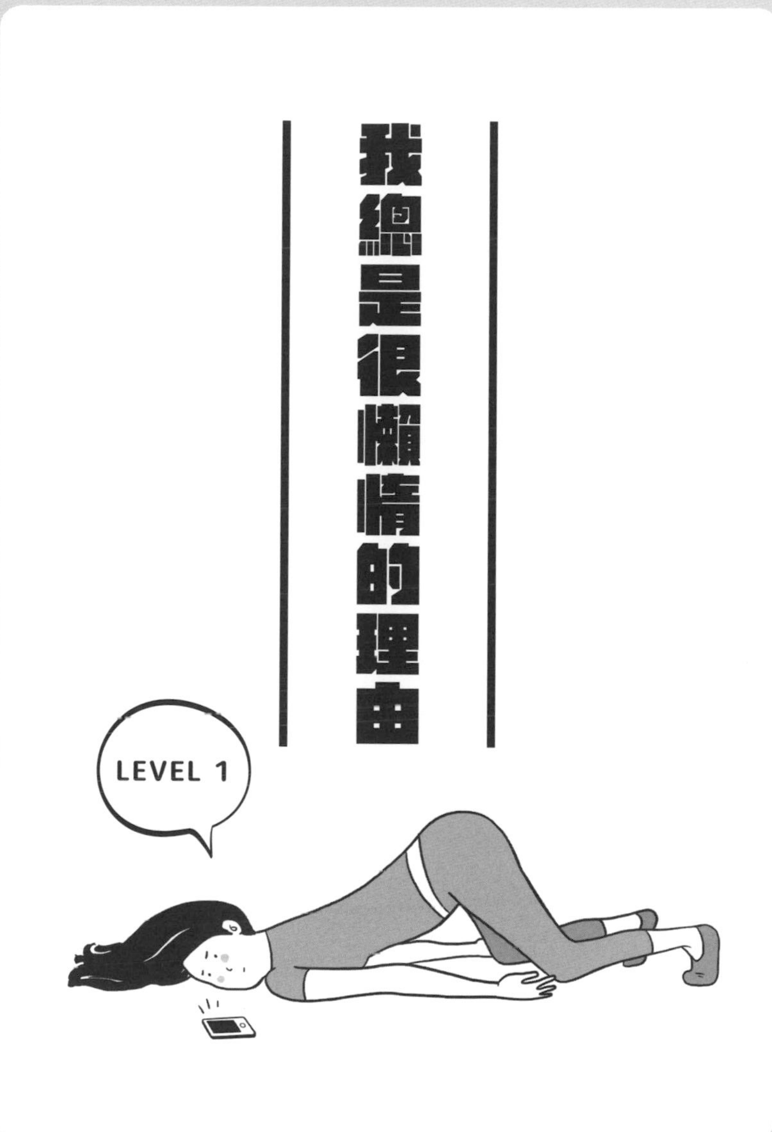

當事情接踵而來時，
不要因為無法立即執行而灰心喪氣，
要繼續努力，不斷累積功績。

──《圓佛教大宗經修行品》第二一章

對意志力的誤解

從現在起，本書將「完成自己該做事情的力量」概括為意志力，包括克制各種不必要衝動的力量、不想做也要開始做事的力量，以及遵守自訂規定的力量等整體能力。

在相當長的歲月中，我對意志力有著很大的錯覺。大概是從高中開始，那個時期，每當我不願意學習，就會讀各種考試心得和能刺激學習的文章，並下定決心改變——最後當然沒有付諸行動。其中包含人類所能做的極限和無數人定勝天的故事，諸如不學習的人因為某種契機或刺激後覺醒，認真學習，一個月裡用了十枝鉛筆，卻因為握筆的時間太長，手不太能動的故事。

閱讀考試合格的心得時，我總想如果我也像裡頭的主角一樣下定決心，或者有自我覺醒的契機，我就可以成為那樣的人，直到考試那天來臨為止，可以每天讀書八到十二個小時，學習量持續增加。

受到這些刺激後，我便決定從隔天開始像準備考試的考生一樣努力生活，還制定一堆激勵人心的計劃，但大家肯定都猜到了，我沒有實踐。每當這時，我就會自責自己的意志力不足，不切實際，沒有再多堅持一下。偶爾我會用「妳啊，再繼續這樣對自己說謊，總有一天舌頭會被拔掉！」等刺耳難聽的話嚴厲地教訓自己。

如果不能馬上激發意志力，我就會責怪自己不切實際。我以為只要在體內找到能驅使自己的動機，或者外部有什麼契機，我就能像一按開機鍵就會啟動的電腦一樣，一下子湧出意志力，瞬間改變自己。

不合理的計劃什麼都無法改變

雖然抱著從明天開始改變的覺悟，反覆制定充滿野心的計劃，但正如大家所料，我往往一兩天就栽跟斗。這些例子如下：

決定從今天開始每天聽六堂線上課程。在無法集中精神的情況下，勉強上了六堂，結果才一天就聽膩了。第二天開始，一想到要上課就覺得很有負擔，連電腦都不想打開。

決心過規律的生活，早早躺在床上，卻沒有睡意，結果一整晚都睜著眼睛，直到凌晨五點才睡著。沒能如願以償，立刻受挫的我，再次回到不規律的生活模式。

雖然決定在每次上課前預習，但真的懶得翻開書，以不愉快的心情拖延了一段時間，浪費了大量精力，好不容易才開始集中精神，卻很快就覺得無聊，所以預習不了了之。

我苦惱著如何才能找到刺激自己的動機，又該怎麼堅定自己的意志力，結果卻發現別人都做得到只有自己做不到，非常羞愧，為了逃避，又回到原本懶惰的生活中。為了能馬上養出意志力，如同上述反覆地進行無謂的嘗試。經歷各種錯誤後，我領悟到，意志力不是這樣的！

當然，也有極少數在瞬間提升意志力，短期內改變的情況。第一種情況是外部環境突然改變，產生要馬上賺錢才能生存等嚴重的問題，所以不能再懶惰了；第二種狀況是處於被強力控制的環境中，例如寄宿補習班、軍隊、公司等，但外部因素不是我們能夠控制的，如果沒有要準備考試，特地去寄宿補習班，這樣實在有些尷尬。

我既沒有上述能在短期內改變自己的強力外部因素，身邊也沒有人來管我或約束我。我想大部分的人應該都和我一樣吧？所以本書是為那些需要獨自改變自己的人所寫的。

陷入計劃、執行、放棄的惡性循環

我認為意志力就像思考力、運動能力和持久力一樣，也如同練肌肉、學樂器的過程，是需要緩慢且持續培養的能力。就像我們透過幾十年的學校教育和媒體學習知識，獲得現在的思考能力一樣；或如同馬拉松選手每天練跑，最終能跑完 42.195 公里全馬；健身運動員最初也是從兩公斤的啞鈴開始，最後可以舉起沉重的槓，並能臥推的過程。意志力同樣是從簡單的事情開始，反覆進行，經過長時間慢慢培養的能力。

儘管如此，不少人似乎認為只要按下按鈕，意志力就會像遊戲必殺技一樣立刻發揮最大力量。過去的我也是如此。舉例來說，我在各個準備考試的論壇裡看到很多類似下列的句子：

「只玩到今天，明天開始戰鬥一百天！」

「雖然之前沒學過，但只要在考試前一段時間每天練十個小時的基本功，應該就能合格吧？」

上面這些句子，跟一天走五千步都覺得吃力的人說「明天開始每天跑十公里！」，或是國中就放棄數學的人說「從明天起要試著解線性代數！」沒太大的差別。

你覺得這種比喻聽起來太誇張嗎？的確，思考能力、運動能力與意志力的性質確實不同，因為前兩者可以透過某種程度的數值來測量，且是可以進行比較的能力。讓我們用幾個比喻來分析一下與思考能力和運動能力不同性質的「性格」吧。

非常怕生、聚會時完全融入不了的人若是說出「我從明天開始要成為派對女王！」聽起來如何？是不是很不自然？

性格是天生的氣質，是數十年來與他人互動、自身經驗、記憶等累積而成的產物，雖然可以暫時表演出某種樣態，但那不僅無法持續很久，也終究不會內化為自己的個性。

如果內向的人想擁有外向的性格，不會因為改變心態就馬上變成外向的人，但可以透過參加各種聚會、與各式各樣的人相處、分享不同的話題，與從事各種活動來學習外向人的特徵，必要時接納他人意見，如此多方努力。

將同樣的觀點運用到意志力上。意志力是數十年來反覆的生活模式、成長環境、天生氣質、在生活中經歷的無數成功和失敗經驗所產生的結果，以及情緒、生活態度、個人能力等多種要素結合所形成的產物，想一次就改變這種複雜且扎實的產物，聽起來是不是很不合理？

改變來自對意志力的覺察

如果認為意志力是只要下定決心就能產生的能力，那麼在和勤勞踏實的人比較時就會非常痛苦，因為這只會讓我們馬上意識到自己的不足，並認為自己不切實際。

但是，如果我們把意志力視為可以不斷提升的能力，就能停止初期因為技術不成熟而產生的自我貶低，在解決意志力不足的問題時也能考慮得更周全。我決心用與以往不同的方式改正懶惰後，反覆想著下面這句話：

✓ 我的意志力和自制力只有幼稚園的水準。

我發自內心地接受這句話後，更加了解我之前意志力為何如此薄弱的原因，並開始思考今後該如何解決這個問題。

你是否曾經看著身邊勤奮的朋友和同事們，想著：「為什麼我無法像他們一樣呢？真挫折！」我也曾這麼想過，而且非常多次。從表面上看，他們和我都是具有相似能力的成年人，受過同樣的正規教育，也在相似的環境中成長，所以他們能做的事，我也能做到，這才算正常，否則就會讓人覺得自己很失敗。但是仔細分析他們和我過去的生活，會發現我們的意志力簡直是天壤之別。努力的人數十年間都是過著以下的生活：

- 爲了做應該做的事，讓自己忍住眼前的衝動。
- 多次完成艱難的工作後有了成就感，內在動機提升。
- 一直維持著規律的生活模式。

也就是說，長時間的反覆成功和失敗讓他們進行了充分訓練，無意識中了解自己的極限和意志力。

相反地，懶惰的我是怎麼生活的呢？為了做一些無聊的瑣事，拖延該做的事，幾乎所有事都拖到不能再拖，才慌忙趕在死線前完工，所以一提到「工作」就心生厭惡，更因為馬馬虎虎地處理工作，所以無法累積成就感，自然也感受不到工作的樂趣。

這樣的我，希望可以和周遭勤勞的同事們有一樣的行動力，從此認真生活，這是小偷才會有的心態吧！想一下子得到別人幾十年來透過一絲不苟的訓練所累積的勤奮，就像看到健身教練做一百二十公斤的握推後，也期望幼稚園小朋友馬上做出同樣的動作一樣。

但我們還是有希望的，因為意志力和自制力可以訓練，從幼稚園水準發展成普通成年人的意志力，不會花費太長時間。實際上，我們之前已經經歷過各種錯誤，也從理論上了解許多意志力的特性，因此我們的思考及認知能力絕不只有幼稚園水平。但這事實不會讓我們在當下或短短幾周內就發生顯著變化，即便現在意志力提升了，也有可能無法堅持更長時間。為了挽回那段懶惰的生活，我們需要慢慢努力。

從下一章開始，讓我們以對待「幼稚園學生」的心態，探索該如何讓孩童般的意志力逐漸成長吧！

起床到睡覺前，改變生活模式

一天在混亂無序的狀態下開始的話，
整天都會不知道自己該做什麼，
手忙腳亂地同時處理各種事情。

——高原《每日一張清單的力量》

表面看起來很正常的生活

如果長時間懶惰無力，那麼生活各部分都脫節的機率很高。凌晨入睡、中午才起床，整體能量不足、容易感到疲勞，房間總是亂糟糟，對任何事情都沒有熱情等等，會一直處在無法積極行動的狀態下。在各種症狀中，我建議最先改善的部分便是生活方式，因為什麼時候睡覺、何時起床、睡得有多深，對各位一天的整體能量會產生很大的影響。

過去，我的生活方式嚴重扭曲。高中時玩電腦玩到凌晨，隔天在上課時補眠。大學時期只是把電腦換成手機而已，生活模式完全沒變，雖然上課時間沒有睡覺，但我常常翹掉早上的課，或是一到空堂時間就跑到休息室小憩，遲到也像吃飯喝水一樣平常。

我當時的睡覺時間基本上是凌晨兩點以後，有時熬夜也沒什麼重要的理由。升上國中後，晚上十一點前睡覺的次數好像不到二十次。

淺淺睡了一覺後好不容易醒來，馬虎地準備上學，一整天的狀態當然不好。就算狀態還可以，所剩無幾的精力也很快就耗盡了。大學畢業前，我每天都疲倦想睡，總是覺得無力，無法集中精神做事，當然，我那時也沒有特別規劃要做什麼重要的事。

畢竟每天都會去學校上課，所以從表面上看，我的一天過得還算正常。不論睡眠品質如何，我大概十二點前就會起床，白天會出門和別人聚在一起，所以我沒能正視生活模式不佳的嚴重性，也沒想到不規律的睡眠會影響心情。

然而畢業後，我的二十四小時全由自己規劃，一塌糊塗的生活狀態也暴露無遺。這成為了我正視並分析一天中的某些時段為什麼會出問題，以及會帶來什麼結果的契機。

根據我的經驗，一天中有四個時段會嚴重破壞生活節奏。反過來說，只要好好管理這四個時段，就能過上還算不錯的一天。

我們不可能一開始就過上充實的二十四小時。若真想充分利用一整天的時間，每時每刻都必須花費心思。目前我們只需用心管理以下四個時段，以此作為首要目標，剩下的時間就能順利度過。

接下來我會說明是哪四個時段，以及哪種生活方式會破壞我們的生活，並對其提出解決方案。

第一個時段——早上：起床後的狀態左右一天的心情

一天的開始真的非常重要，如何度過這段時間，將會決定你接下來的一整天有多少活力。

這個時段最需要注意的是手機。

起床後，如果枕邊有手機，馬上關掉手機鬧鈴再睡回籠覺的機率非常高。勉強起床、半睜著眼睛看沒用的新聞或訊息等，不知不覺就會用掉十分鐘以上，其導致的結果就是我們將會昏沉且遲鈍地開啟一天，或者倉促地準備出門。從這裡開始，生活的節奏就會亂掉，一天的充實度也會急遽下降。

對此，解決方案如下：

- **利用鬧鐘。**
- **睡覺時將手機放遠一點。**
- **直到起床前都將手機上鎖。**

以上三點不是建議事項，而是必須事項。手機不是一瞬間都不能離身的工具，所以請務必遵守。手機的鎖定應用程式和工具等將在第六章介紹。

- **起床後請馬上做有生產性的事。**

你聽過美國海軍大將威廉・麥克雷文（William McRaven）的著名演講《從這裡開始》嗎？

我被這場演講所觸動，於是每天早上起床第一件事就是摺被子，效果非常驚人。看著摺疊得整整齊齊的被子，就能以「完成了一些事」的心情迎接日子，這和勉強起床，將蠶蛹般的棉被丟在身後，慌忙開始一天有天壤之別。首先，心情和自信從早晨就開始發生變化，摺被子這種小事成為「能夠完成其他工作」這種想法的第一個骨牌。

讓我們用摺棉被般有生產性的工作開啟一天吧！對於像這樣簡單到不會讓人懶得做的事情，我們要抱持正面態度，因為無論多麼有益的事，只要我們嫌麻煩，就沒有做到的一天。我推薦的工作如下，只做其中一個就行，有時間的話可以多做幾個。

- 清潔地板和床鋪
- 整理書桌
- 確認當天計劃
- 呼吸新鮮空氣
- 做伸展運動或徒手體操
- 進行短暫的冥想
- 喝茶／咖啡

如果利用具有生產性的工作開啟一天，心情就會很好。即使再小，只要做了有意義的事，想掌握今天一天，並努力度過的動機就會高漲。

✓ 睡覺時戴眼罩代替遮光窗簾。

✓ 一起床就開燈。

遮光窗簾雖然能讓人睡一場好覺，但也有著讓人在早晨不易醒來的致命缺點。如果使用遮光窗簾，唯有走到窗邊拉開簾子才會清醒，相反地，眼罩在躺著的狀態下就可以摘掉，光線也能直接進入眼睛，讓人快速醒來。如果房間採光不夠，最好在床邊放盞燈，方便伸手就能打開。

⊘先換衣服。

軟綿綿的睡衣會讓精神變得鬆弛。正如字面上的意思，睡衣是適合睡覺以及舒服地休息時所穿的衣服。起床後，如果穿著睡衣呆呆地坐著，睡意就會重新湧上，這是很正常的。

因此，如果成功醒來，我推薦立刻下床換衣服。穿休閒裝上班上學的人馬上換外出服，若需要穿著不能有皺褶或髒汙的正式服裝，可以先換上舒適的牛仔褲等「去五分鐘距離便利商店也不會尷尬」的衣服。

先活動身體，再換衣服，就能慢慢醒過來，穿上較有活力的衣服就能改變心情。穿著制服時的精神狀態必定與穿著睡衣時不同。像這樣一起床就換衣服有兩個好處：

第一是防止再次入睡。換好衣服後，如果不知怎麼地又躺下，就會因為衣服不舒服難以入睡。如果想重新入睡，就得換上睡衣，這樣很麻煩，所以就會產生「既然都換下睡衣了，就好好活動」的心情。

二則能減少外出的準備時間。起床後，隨著時間的推移，「好討厭上學」、「準備很麻煩」的想法會在腦中慢慢浮現，所以在準備過程中，會有一兩個動作慢了下來，最後導致我們匆匆忙忙出門，並因此遲到或忘記重要的東西。但若在還沒有「不想做任何事」的念頭出現之前就換好衣服的話，會比較容易產生要繼續準備的想法。如果不換衣服，我們首先會非常討厭從舒適的衣物中脫身，然而，如果先改變服裝造型，就能有好的開始，其他外出的準備也會相對容易一些。

第二個時段——中午：午睡到兩點為止

自由工作者、待業中的人或是主婦們如果一直待在家裡，就會產生「困了就睡，一會再做事」的誘惑。當然，如果真的太累，睡一下再工作的效率確實會提高，所以我會先設下馬奇諾防線[1]：如果能在下午兩點前起床，就可以午睡。若無法做到，我建議，不論用什麼方式起床，都得到晚上再睡。如果中間有午睡，我們通常會到凌晨兩點後才有辦法重新入睡，相信大家都知道這時段是多麼低效

1 譯註：二戰時建於法國東部的防禦設施。

率的時段。

自己到底是聽到鬧鐘就起床的類型，還是會因為疲倦而一直關掉鬧鐘睡覺的類型，透過經驗應該就能清楚了解。如果屬於後者，建議不要睡午覺，並採取以下其中一種避免午睡的方法。

- 參加必須走出家門才能做的活動，如文化講座、運動、補習、讀書、打工等等。如果沒有想參加的活動，去咖啡廳或圖書館也可以。
- 如果不想外出，請攝取適量的咖啡因（依個人體質調整攝取量）。待在家裡，如果不攝取咖啡因，只靠自己的意志力，想忍耐不睡午覺是不可能的。請不要過於信任自己的意志力！

第三個時段——傍晚：進入休息模式前必須做的事

下課或下班回家後，因為一整天在外面太累，只想在家裡隨意休息，所以往往會直接把包包扔在一旁，穿著外出服就躺下，一邊看手機，一邊想著洗澡等諸如此類要做的事。但躺下的瞬間，我想大家應該都知道接下來會如何吧。

一回家就進入「休息模式」的話，洗澡、整理、吃飯都會懶得做。即使心裡想著「該換衣服洗澡……」或是「我還有事情要做……」，身體也絕不可能從被子裡鑽出來，往往抱著罪惡感虛度光陰，到了無法再拖下去的時候才勉強起身，並且隨便把衣服一扔就睡著了；或者一回到家，雖然想做點應該完成的事，但還是決定稍微閉上眼睛休息一下，結果在午夜時驚醒，最壞的情況是第二天早晨才醒來。

該怎麼做才能解決這個問題呢？

⊘ 進入休息模式前，整理完畢。

首先，回家後不要躺下，而是設定一個約十五分鐘的計時器，在計時器響之前，請清空包包、換好衣服，大概整理一下（也包含做一些簡單的家事）。這裡的重點是使用計時器！因為計時器能給自己明確的開始和終止訊號。除了按鈕很多的考生用計時器外，我也推薦廚房計時器，雖然看起來和考生用計時器差別不大，但按鈕較大，操作也相對簡單，心理上的障礙就會降低許多。

即使想休息，也請整理後再休息吧！事實上，只要完成這些工作，就會感覺身心都得到了調整，可以重新用好的心態做事，想休息也能安心休息。剛從外面回來就直接躺下，與藉由換好衣服、簡單梳洗給自己身心已經回家的訊號，兩者的狀態本身就不一樣。

☑ 還有事要做就不要躺下。

因為很重要所以特別強調！絕對不要躺下來，也不要想著在床上休息。不論工作有多累，都不能躺下！

第四個時段——夜晚：睡覺的時間拯救第二天

除非有不得已的理由，否則一定要在凌晨一點前睡覺，因為晚上周圍一片漆黑，我們的判斷力和理性都會因此下降。

這時，理智相對低弱的我們可能會覺得一些無意義的事很重要，並為此制定無法立即付諸行動的虛幻計劃。因為夜晚很長，所以即使做了非生產性且無意義的事也不會感到內疚，整體來說，虛度時間的機率會提高。總而言之，低效率、消極、沒意義的想法和行為有九十七百分比都是在這個時段產生的。

但是，我們幾點入睡，其實經過上述一到三個時段，已經確定了六成左右。如果中午十二點起床，晚上六點前又睡午覺，就幾乎等於放棄今天早睡的可能性，只能到隔天重新調整，因此順利度過第一到三個時段至關重要。

即使今天運氣好，起得早、沒睡午覺，一整天也過得很充實，手機和電腦等危險因素仍然存在。因為這些危險因素，就寢時間就可能再次扭曲，生活模式也有極大可能被破壞，為了防止這種情況發生，解決方法為：

☑ 今天制定的計劃無條件在晚上十二點前完成（有不可避免的理由時除外）。

偶爾會有人因為當天沒有完成計劃，所以貪婪地堅持到凌晨。「今天」的定義是到午夜十二點，再次強調，「今天」是到晚上十二點為止！果斷放棄沒做完的事，隔天起床後以新的心情制定新的計劃吧！

超過十二點還要做事的缺點太多了。到了半夜，工作效率就會急遽下降，而且因為正在做的事會刺激大腦，漸漸無法入睡。另外，在做事的過程中，陷入手機、電腦、電視等其他娛樂或宵夜的危險性非常高，如果沒有設下防線，就會一直推延工作。整體來說，這是得不償失的行為，所以即使覺得可惜，到了午夜也要放下一切。

- 午夜之後不再使用手機或電腦。
- 將手機放在離自己有段距離的位置。
- 睡覺前將手機上鎖。

我們往往會以設定鬧鐘為藉口，把手機放在床頭，我想大家應該都知道這麼做會如何。

原本想著滑十分鐘就睡，但卻看起剛更新的網路漫畫，或點進網頁下方的廣告衝動購物，也可能突然想起某個新聞並開始搜尋，或是無緣無故變得太感性，所以點進前男／女友的社群網站……像這樣，至少用了三十分鐘以上的手機，漸漸沒有睡意。使用手機時，由於明亮的光線和新訊息不斷刺激我們，導致大腦無法休息，睡眠時間自然就會變短。有關手機妨礙、破壞睡眠周期的研究結果太多，在此就不贅述了。

請把手機放在很遠的地方或交給同居者，如果本人的意志不夠堅定的話，我推薦使用各種鎖定應用程式（相關應用程式與工具將在第六章介紹）。我是乾脆設定從午夜十二點到早上八點自動鎖定，偶爾會放入到指定時間前都不能打開的箱子內。

☑ 晚上九點前不睡覺。

讓我們模擬看看下定決心要改變生活方式的第一天可能發生的情況吧！雖然像平時一樣很晚才入睡，以殘存的意志力艱難早起，狀態不是很好，用咖啡以及外出參加活動熬過了困倦的下午。

然而，真正的難關才剛剛開始。本來前一晚就睡得少，再加上和平時不同，沒有午睡，所以從晚上七點開始，就忍不住想睡覺。這時我們可能會想著：「啊，現在好好睡一覺，明天早上早起不就行了嗎？」雖然很吸引人，但絕對不能這麼做。

晚上七、八點就睡覺的話，晚上十一點到一點左右就很可能會因為想上廁所、口渴或肚子餓等理由醒來。如果那時起床，凌晨五點前無法再次入睡的可能性很高。

如果喝咖啡會睡不著，可以和朋友聚會，晚一點再回家。若約不到朋友，也推薦一個人看電影或在咖啡廳度過。有同居者的話，我建議請同居者監控，隨時叫醒自己。

創造規律的生活

LEVEL 3

如果沒有計劃，
就會不停思考下一步要做什麼，
或不斷想著要做的或能做的事，
注意力因此變得散漫。
但若周全計劃好一天，
會給人集中精神的自由。
與其不停思考下一步要做什麼，
不如思考該如何集中精神做事。

——傑克．納普、約翰．澤拉斯基
《生時間：高績效時間管理術》

計劃要寫下來才算計劃

改善生活方式後，接下來需要改變的部分是制定計劃。這是我經歷了許多錯誤嘗試的部分，甚至直到最近，我還是愚蠢地沒將計劃寫下來。我只在腦中空想「今天要做什麼……」，但如果沒能完成那幾件事，就會因為自己沒能實現計劃而感到羞愧，還白白浪費了時間。

計劃要寫下來才能成為計劃。如果只存在於腦中，那不是計劃，只是幻想。你曾在腦中想著明年要去國外旅行嗎？就是如此，那只是與茫然的願望相似水準的幻想而已。因為很重要，所以我再重複一次，計劃要寫下來才能算是計劃。

如果不把計劃寫下來，腦中就會不斷浮現「現在該做什麼」的雜亂想法。在執行任務的同時，如果還想著下一步要做什麼，就會消耗工作所需的能量，效率跟著降低，也會因此不斷出現「似乎還有什麼該做的事沒做」的感覺，有時甚至會想不起要做的事是什麼。另外，若沒把計劃寫下來，也很難確認待辦事項的完成度。我們的大腦很難一次處理大量訊息，如果想法只存在於腦中，就會很難規劃先後順序，因而隨意亂做。

相反地，如果寫下計劃，就能把大腦要處理的事情外包到紙上，節省管理待辦事項的精力。最重要的是，在制定計劃、完成計劃、進行檢討的過程中，可以掌握自己的問題和極限。反覆進行這個過程，可以讓身體記住計劃、記錄並執行待辦事項的珍貴感覺。

進行檢討時，如果有完成目標，就會產生成就感；如果沒完成，就可以看到需改善之處。但如果只把事情記在腦中，實現時的成就感，以及沒完成時待改善的地方都會模糊不清。因此，請在手機應用程式或筆記本等地方寫下待辦事項，再進入下一階段。

我們這些懶人並不是一開始就沒有計劃，我們其實比其他人買了更多筆記本，並嘗試制定各種計劃表，但是大部分的人野心勃勃買了各種功能性記事本後，一次也沒用超過一週以上，因為這些都不是為我們而設計的產品。以十分鐘為單位的記錄表、劃分二十四小時的計劃表，這些功能性用品都是給那些勤勞且有計劃的商務人士使用的！對懶人來說，除了每月、每周、每日的待辦清單以外，其他功能可能都是多餘的。

專業懶人計劃制定法

我現在要說明幾個非常主觀的懶人計劃小技巧。若已經找到適合自己的計劃制定法的讀者，可以跳過這部分。

✓在計劃表中找到今天要做的事不能花超過三秒鐘。

這是最重要的。今天的待辦事項需要經常確認，制定計劃的時候一次，換地方執行任務時、檢查剩下的工作時，或是結束工作後，標記完成記號時也必須再看一次。因此，找到那頁的時間越長，越讓人覺得麻煩。眾所皆知，麻煩是我們最大的敵人。因為麻煩，所以我們常常不知不覺拖延制定計劃的時間，最終計劃本只寫了一週就沒再寫了。

使用手機或電腦的計劃表時也是如此，請不要點進文件夾找計劃表，為了可以直接打開，應該把計劃表設定成小工具放在桌面。

⊘ 不要懶得隨身攜帶。

我建議懶人們使用小巧輕便的計劃本，原因有二。第一是執行面，為了養成寫計劃的習慣，需要的程序是：記下待辦事項↓執行↓檢查，如此反覆進行。但是如果本子太大或太重，攜帶麻煩，這會讓人在外面工作時想著：「啊，待會回家再確認吧！」但之後絕對不會確認的，我想大家應該很清楚，如果開始拖延檢查，結果會怎麼樣。

二是心理層面，大且重的計劃本會對我們脆弱的心靈造成負擔。以過去的我為例，購買那種計劃本的當下，會覺得自己成了努力生活的人，心情會變好。但那只是暫時的，在制訂計劃時，一看到計劃本巨大的封面和厚度，就感到很沉重，即使好不容易鼓起勇氣翻開，也會覺得自己似乎無法將它填滿，因而更有負擔。如此一來，計劃本會漸漸遠離我們的眼睛和決心，我們也會再次失敗。

另外，由於懶惰的人還沒有養成習慣，所以制定計劃時自然有可能會漏填幾次，或是拖延沒寫。之後我們看到固定格式的計劃本在某些日期留下空格，心理會非常不舒服。若這時使用的是輕便且更具彈性的計劃本，就會減少計劃失敗或拖延的負擔。

這也是我不推薦一年份厚重計劃本的原因，三個月或一個月份量的計劃本會更適合。想要買計劃本的朋友們，即使貴了一點，我還是推薦短期計劃本。確認自己可以認真制定計劃一個月後，再購入長期的計劃本也不遲。

☑ 不要有不必要的空格和分類。

對於幼稚園學生來說，有月記事（或周記事、日記事，依個人喜好）和今天的待辦事項目錄就足夠了，除此之外的功能反而會成為包袱。我們若是以十分鐘為單位檢查自己做了什麼，並制定二十四小時計劃的話，有極大可能因為覺得麻煩且有負擔，所以不會執行。功能性的分類容易因為留下空格，讓人心裡感到不踏實，而妨礙計劃的制定。

功能性多的計劃本是至少具有中級自我管理能力的人所使用的。這種人知悉自己的生活模式、工作開始之前會耍廢或消耗多少時間、各工作所需的平均時間為多久等，是生活擁有一定程度的規律、且非常了解自己的人才需要的。

另外，在寫今天的待辦事項時，也不要有太多分類。不會整理的人，分類再多也無法整理。依據每個人生活方式的不同，建議最多使用三種即可。分類舉例如下：

- 學習：聽課、解題、寫作業等
- 職場業務：寄郵件、製作報告等
- 瑣碎的雜事：家事、購物等
- 自我開發：運動、休閒活動等
- 人際關係：和朋友見面、親戚聚會等

⊘ 一次只制定一天的計劃。

在前一天晚上或當天早上制定一日計劃就好。我們還不需要一個星期或一個月的計劃，因為連遵守一天的計劃都很吃力了。等獲得能夠完成代辦事項八成以上的意志力和踏實度之後，再開始進行一週計劃即可。

但可能有人會擔心這麼做無法掌握整體的節奏，有這種想法是理所當然的。我完全能理解大家想掌握一週進度的心情，但是，如果制定一週計劃，中間推延工作的機率就會變高。如果延遲了某天的工作，第二天的進度也會延後，結果不論是只延遲一天，或是一整週的計劃都延期，都等於每天必須重新制定計劃。如果非得掌握長時間的計劃不可，請先把要完成的所有份量寫在其他地方，並分配好份額。剛開始時千萬不要寫好每一天該做的活動。

讀上述內容時，有「啊，我就是因為這部分所以不斷失敗的」這種想法嗎？如果改善了這些部分，最終找出適合自己的計劃制定方法，那麼現在該如何寫計劃呢？我將在接下來的內容中說明。

下一章會探討「制定輕鬆目標」的必要性及例子。我們意志力是怎麼樣的呢？沒錯！是幼稚園學生的等級。叫幼稚園孩童做事時該怎麼做呢？讓他們從一開始就學習八小時？如果覺得這是不可能的，那又何必這樣鞭策自己？甚至與成年人的能力做比較呢？

這些都是不合理的，但是一直以來，我們都是以這樣幼小且脆弱的幼稚園等級意志力犯下同樣錯誤。讓我們反省過去，再來看下一章吧。

以培養幼稚園兒童的方式驅使自己

如果想讓某種行為成為習慣，要使用柔和的手段。

- ☑從小且容易的工作開始，小頻率地讓自己適應。
- ☑如果做得好，就給自己稱讚和獎賞，讓自己知道完成事情的喜悅。

也有不能做的事情。

- ☑從一開始就提出無理的目標，硬逼自己實現。

⊘失敗的話，就教訓並懲罰自己。

如果一開始就制定不合理的目標，十有八九會因為沒能實現而感到羞愧。即使勉強實現，長遠來看也無法持續，還會對那個工作產生「討厭的情緒」。一旦出現厭惡的心情，執行門檻就會進一步提高，下次要再繼續就更難了。

當然，失敗時被他人懲罰也是有效果的，所以才會有各種學習班或寄宿補習班。但當自己管理自己時，這種方法成效非常低，因為即使訓斥自己，我們也不會感到害怕，所以這不僅無法糾正自身行為，還會讓人心情變差。

而且這是自己無法掌握的問題，因此往往無法拿出改善對策，只會更加消極，並白白浪費時間。

上述事項通用於每個懶惰的人。

小且輕鬆的目標為何如此重要

我們周圍努力生活的人是如何認真過日子的呢？讀書、運動、工作都很累，他們是即使不想做也不開心，卻一直忍耐著嗎？

不，不可能，在我看來，努力生活的人能夠這麼做的原因有兩個。他們在幼兒時期或成年期因週邊環境的影響（或許跟遺傳也有點關聯）習慣了勤奮的生活，並逐漸培養出持續工作的能力——也可以說是慣性——藉由多次成功的經驗，累積成就感這個內在動機。我們不可能像他們這麼認真生活，所以最好還是先做那些目前我們能夠做到的事來獲取成就感。

成就感有很多種類。從做完每天該做的事開始，讓人短期內產生成就感；做一些有益的活動，從逐漸成長的過程中獲得長期成就感；或者透過考試及比賽等獲得好成績，得到很大的成就感。從獲得上述多種成就感開始，全面提升自尊、自我效能感和自我信賴度。

但是到目前為止，我們只顧著逃避眼前的工作，享受短暫且瑣碎的快樂，幾乎沒有感受到與我們性格完全不同的高層次回報，也就是成就感，所以看到那些放棄眼前的幸福，做艱難工作、努力生活的人們，會佩服他們，認為自己無論如何也做不到，從基因開始就不同了。

但是，只要我們能領悟到其實每個人都能從工作中得到滿足，並反覆嘗試親自獲得成就感，就能理解那些人為什麼能夠認真生活了。小而輕鬆的目標，能讓擁有幼稚園等級意志力的我們嚐到立竿見影的成就感，這一點非常重要。

⊘ 建立小且輕鬆的目標。

說來簡單，首先，在初級階段，只要建立能立即執行的目標即可。也就是說，在無意識中馬上處理，身體也不會排斥的所有事物都能成為目標。

■剪指甲／下班路上買牛奶／摺棉被等等

「這也算目標？」可能有人會發出輕蔑的嘲諷，但在幼稚園階段，重要的不是目標有多大，或是目標本身能獲得多少東西，透過寫出計劃、執行、確認的過程，收獲小小的滿足感，打造良性循環的起點才是最重要的。

總之，完成目標後，用紅筆確認並打勾。說實話，確認這個步驟很容易失敗。雖然這個步驟非常瑣碎，但做完肯定會有成就感，而且可以一眼明白今天一天完成了哪些計劃。

當然，如果可以感受巨大的成就感會更好，但更大的成就感是在完成大任務時才能得到的，我們還沒有能力一次就完成。在我們的意志力達到成人水準之前，最好先用小小的成就感來滿足自己。

✓ 設定小且定期的目標。

上述所說的內容，如果用遊戲來比喻，就像是收集十份材料等暫時性的子任務。收集材料當然重要，但是更有效改變我們的方法是正規任務。

請設定幾個適合每天或一定週期達成的小目標，如此一來，生活就能漸漸變得規律，產生穩定的節奏。我推薦的目標例子如下：

- 早上起床後做伸展運動
- 吃飯後吃維他命
- 每天閱讀五頁書
- 外出回家後將衣服掛好
- 睡前整理書桌
- 一天深蹲二十次

請把這些也記錄在合適的表格上。可在Google搜尋

habit maker的表格印出來使用，也可以搜尋相關的應用程式，或使用類似的功能性便條紙。不論使用什麼，最重要的是確認是否執行並檢討。

我在完成這些正規任務時，如果要用比喻來說明，那就像用書檔把散落的書立起來一樣，每天有了固定行程後，我感受到日子是充實且規律的。如果書架（一天的時間）中連一個書檔（固定行程）都沒有，書本（待辦事項）就會散落，把書本一個一個立起來，用書檔支撐後，就能站立並維持平衡。

執行週期性目標可以改善自己的生活，也能提升在一定時間內執行相同工作的機率。摺棉被是起床後，吃維他命是在吃完早餐時，寫筆記是在下午三點左右，整理書桌是睡覺前……用這些固定的工作劃分一天，可以產生喚起其他行動的信號作用，我們就能以這些工作為基礎，有規律地安排其他任務。

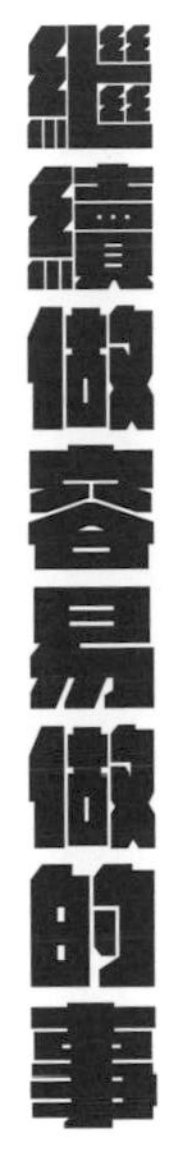
繼續做容易做的事

LEVEL 4

你是最差勁的員工，
從沒做好分配的工作，
也是最糟糕的社長，
強迫大家做不可能做到的業務。

——喬丹·彼得森《生存的12條法則》

細分代辦事項的技巧

前面說明了設定簡單目標的重要性，但是我們已經是成年人了，不可能像前一章說的一樣，只做簡單且輕鬆的事過活。對每個人來說，讀書、運動、做家事、工作等都是很困難也很麻煩，卻必須做的事。那麼把該做的事情細分成自己能做到的份量吧！細分的方法有兩種。

有明確程序的工作以步驟劃分即可；讀書、上網路課程等反覆進行的工作，以份量切割效果更佳。當然，「完成報告」這項工作，無論再怎麼細分，最終都必須完成一定份量的報告，這一點不會改變。一想到要完成報告，人們往往會感受到如同一口吃掉整顆鳳梨的壓力，此時我們應該像把鳳梨切成適合入口的大小一樣，將工作細分成自己可以控制的步驟。切掉鳳梨的蒂頭、去皮、將果肉切成一口大小，一一解決。

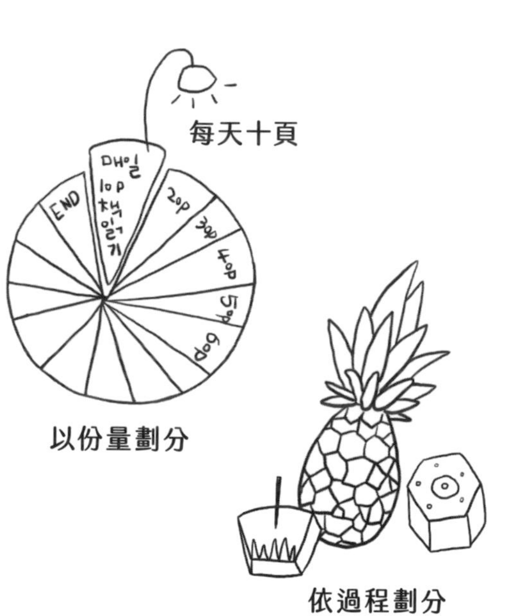

別想著大掃除，先戴上清潔手套吧

細分步驟時，只要讓自己想到這件事心理不會排斥，或產生「討厭的心情」即可。剛開始時，必須把工作細分成超乎想像地小。

舉例來說，如果要上網路課程，就先聽十分鐘，若還是覺得負擔，就減少至五分鐘；書先讀半頁就好，最多十頁；做運動的話，從走路五分鐘、一天站起來走動十次開始；家事方面，若想洗碗，就先戴上橡膠手套；如果要打掃，就先把桌上的東西收進抽屜。如此，調整到適合自己的意志力就可以了。

雖然設定的都是很低的目標，但好的開始便是成功的一半，這些成功能讓我們更進一步做其他事。但切記，不能在設定十分鐘左右短期的目標後，就以「一小時也能做到」的心態設定太過誇張的目標，因為若是無法完成，就會對自己失望。

重要的是不要讓自己產生對那件事的厭惡感，並在執行小目標的過程中，逐漸培養自己的能力，以達成更大的目標，做好強度更強的工作。

另外，細分重複性高的工作，也能讓我們更能掌握那個工作。以我自己為例，我特別討厭洗碗，每當這時，我腦中就會慢慢思考洗碗的過程：

⊘ 戴上橡膠手套↓擠出洗碗精↓刷碗↓用水沖洗↓放進碗櫃。

像這樣決定好順序後，對洗碗的負擔感就減少了，戴上橡膠手套後，如果不想洗碗，先抱著隨時可以休息的心情開始做。真的不想做，就戴著橡膠手套休息，但若有餘力，就將洗碗精倒在菜瓜布上。

再舉一個例子，我們往往一想到「要大掃除」就喘不過氣。聽到「大掃除」這句話的瞬間，浴室的水垢、滿床的衣服、書架上散落的書籍等等，家裡亂七八糟的模樣突然襲擊我們的腦，心理負擔和不想做事的情緒會急速蔓延。此時，請分解大掃除這項工作！我經常使用 dynalist 或 workflowy 軟體，並如以下範例細分工作。

大掃除

客廳

- 丟垃圾
- 將容器、書本歸位
- 使用吸塵器

臥室

- 使用吸塵器
- 用除塵滾輪清潔床鋪
- 將雜物放進抽屜

廚房

- 洗碗
- 整理冰箱：扔掉不吃的東西
- 清除水槽油垢

浴室

- 清除磁磚水垢
- 去除黴菌
- 清洗馬桶
- 消毒牙刷
- 清除垃圾

像這樣分解工作後感覺事情變多了？絕對不需要馬上做完所有的事。我們只有一個身體，一次能做的事只有一個。如果是無法現在就做的工作，請果斷刪除，減少記憶體的浪費。

大掃除

客廳

- 丟垃圾
- 將容器、書本歸位

大掃除這個詞讓人相當有負擔，所以這個詞也拿掉。

客廳

- 丟垃圾
- 將容器、書本歸位

好，現在這樣應該可以了吧？只要完成兩件事就好。其實做了之後，十有八九會打開吸塵器繼續打掃，但即使不做也沒關係。

目標達成後，還有力氣的話可以再做其他工作。如果沒有力氣，就去吃零食或睡個午覺再回來，以嶄新的心情挑戰打掃臥室吧！

看起來容易，就不會拖延

如同前一章所說，細分工作後，整體的工作份量不會減少，但可以減少心理負擔，讓人覺得可以輕鬆開始，並在可接受的範圍內進行工作。

再舉個例子，假設你現在要寫一個中國近代史某事件的相關摘要報告，必須引用論文，也需要閱讀相關書籍，還得決定要讀哪幾本書——不是單純地閱讀，必須概括每章的重點。電腦螢幕上一片空白，卻得想辦法生出七頁的報告，這會讓人感到崩潰，並產生不想做的念頭，因為讀書真的很煩。好，以下我們來細分這項工作。

中國近代史報告

事前資料調查

論文

- 開機
- 進入論文網站並搜尋
- 下載五篇論文
- 閱讀並摘錄需要的部分

書籍

- 決定參考書籍
- 去圖書館借書
- 閱讀並記下摘要

寫報告

- 新增文件和文件夾
- 製作封面
- 寫緒論（參考資料摘要及引用）
- 寫本文
- 寫結論

■ 潤稿、修改錯字
■ 列印

像這樣細分這項工作後，就像大掃除一樣，選幾個「今天要做的項目」吧！如果是我，我在第一天只會新增文件夾，以及一個寫上報告題目的檔案，再搜尋要借什麼參考書。每次項目完成後都要進行確認，這樣就能從視覺上感受到成就感。其實做完這些花不到二十分鐘，但卻能給我們開始的動力，一再拖延的機率就會減少。

如果什麼都沒做，但明天就是繳交截止日，該怎麼辦？我們當然不可能在一天之內完成那麼多事，就算真的做完，精神也會完全崩潰。因此在這裡建議懶人們，不要一次做令人感到負擔的份量，而是將完成工作的時間訂得比一般人更長。要不然，若趕著在短時間內拼命完成，往往做不好，下次做類似的工作時，會產生更大的心理負擔。

在此提供一個小訣竅，制定目標時，請摒棄「完成、結束、掌握、完美、做得好」這些表達方式，這會對我們脆弱的心造成很大的負擔，改以「大概、先開始、哪怕只做一點點」等較輕鬆的詞彙取而代之吧。

這麼做還有一個優點，那就是可以讓我們減少拖延時間，養成立即做完該做事情的習慣，並藉由細分工作，全心全意地投入到小目標上。把現在做的每一件小事視為能夠完成大事的練習。

不拖延洗碗的工作，並準時寫好履歷

現在馬上洗碗和現在立刻寫履歷，這兩件事看似沒有任何關係，洗好抹布並擰乾和好好完成報告，看起來就是完全不同層次的事，但是生活態度其實可適用在比想像中更廣的層面，如果想知道自己會以什麼方式處理重要的事情，就觀察一下自己如何處理眼前的小事。

最壞的就是無法集中精神處理工作。同時做兩件事，或抱著隨便的態度工作，都會讓時間白白流逝。

事實上，所有的事情都隱藏著不同的樂趣和意義，洗碗也是。如果不集中精神，就很難感受到任務本身的樂趣，也容易對那件工作失去熱情。如果不專注，即使努力也不會有好成果，甚至陷入不想做的惡性循環，白白浪費時間，工作沒有一點進展，那段時間安心地玩還比較好。

如果工作時心裡充滿其他雜念，即使面對有趣和好玩的東西，我們仍能感受到樂趣嗎？充滿擔憂和負面情緒時，無論吃多好吃的東西，都感覺不到味道；在觀看有趣的電影時，不高興的情緒也會讓所有人都感知到。

同樣地，如果不專注在現在的工作上，頭腦不舒服，效率急遽下降，大腦一直沒效率地空轉，精神也會變差。看似努力工作，但結束後，真正做好的項目卻沒幾項。

一天二十五分鐘，改變自己的時間

我認為，如果能一次集中精神二十五分鐘，那麼在日常生活和執行簡單工作上就不會有什麼大問題。做二十五分鐘的事，稍微休息一下，再集中二十五分鐘，如此反覆。拋開一次做很多事情的急躁，養成一次只處理一件事情的習慣吧！藉由練習踏實地完成多個少量的工作，取代一次做大量工作。集中精神的三大原則如下：

☑ 不同時做兩件事。

為了驅趕無聊而做的刺激活動，加上習慣的單純反覆工作，例如看電視時剝蒜頭、一邊開車一邊聽廣播、邊慢跑邊聽音樂，這樣的組合並不理想，不要一次做兩件事，特別是在做重要事情的時候。即使是沒那麼重要的事，也不要同時進行，如果其中一件是需要思考的工作，那麼同時做其他事情的瞬間，大腦的效率就會急遽下降。

雖然有些人會好奇同時做兩件瑣碎的事，遇到大事再專注的方式為何不行，但是我認為做任何事都是練習集中注意力的機會，每個瞬間，我們的行動和想法都會成為養成習慣的新契機。平時不能集中注意力的人，發生大事也無法專注的機率很高，這是我們不希望看到的。

另外，在很短的時間內交替進行各種事項的工作轉換也屬於同時做兩件事的情況。請克制自己，不要一邊上網一邊確認訊息或一邊寫報告。

⊘做事時，腦中不要有雜念。

事實上，與前一項相比，這部分難度更高。若想防止自己同時處理多項工作，在剛起步的階段不做其他事情就可以了，但是這個原則需要在工作執行過程中與不斷襲來的雜念戰鬥，徹底管理自己的想法和情緒。

我是屬於想法非常多的類型，所以在這部份真的非常辛苦，現在也還在努力改善這一點。寫這篇文章時，我同時想著「好想玩手機、肚子有點餓……要訂旅遊行程，明天出去玩肯定很有趣……啊，待會要買牛奶。要不要看看kakaotalk[2]？」腦中不斷閃過許多想法，如果這些雜念能自然而然地消失，倒也還好。但如果想馬上剪指甲或吃宵夜的念頭持續存在呢？每當出現這些不會馬上消失的慾望時，請記在紙上，告訴自己等一下再做，或等一下再想。

把要做和想做的事記在紙上，大腦就不需要再分心處理了，所以雜念會慢慢消失。完成該做的事後，再看著紙上寫的內容依序處理即可。

✓ 如果產生消極的想法，就用文字記錄下來。

我們很難控制不安、擔憂、後悔等負面情緒。與單純一閃而過的雜念相比，這些情緒是有脈絡的，會持續相對較長的時間，容易不斷接踵而來，且越來越嚴重，同時削弱本就不多的精神能量。

不論是什麼樣的情緒，請把它寫下來。平時我們看似

2 譯註：韓國普遍使用的通訊軟體。

有很多想法，但寫下來後才會訝異其實我們的情緒只是幾個模式不斷重複。

寫下這些情緒了嗎？那麼現在請想想看有沒有任何實際行動可以解決這些擔憂和後悔，另外也請分析一下這些負面想法是否真的值得你花時間沉溺。試著尋找解決方案、分析價值，並寫下因為各種後悔而得到的教訓吧。

寫完並整理好後，印出來或發到聊天室中，讓自己隨時可以看到。把在工作過程中產生的情緒寫成文字後，發現無法馬上解決，也不值得我們投資時間，那麼這些雜念就會失去力量，並默默消失。

另外，雖然非常瑣碎，但是時間限制法的效果意外地好，所以也一起分享給大家。時間限制法可以採用「十五分鐘（或一段時間）內盡情擔心」或「除非是馬上可以解決的煩惱，否則就先不去想，明天再擔心」等方法。

⊘創造可以專注的環境。

請努力打造一個讓你可以集中注意力的環境。我們的意志力是兒童等級，對幼稚園的孩子來說，環境非常重要。如果讓他們坐在什麼東西都沒有的桌子上學習的話，可以學習十分鐘左右，但若書桌上出現了樂高積木，孩子就會馬上起身堆起積木來。

對一般人來說，注意力隨著環境改變是非常自然的事。當然也是有意志力強到在任何環境下都能專注的人，相反地，也有無論在哪都無法集中精神的人，但是那些人都是極少數的，大部分我們都是落在中間的部分。

為了不讓自己的注意力分散，請把桌上的雜物收好，並尋找適合自己的環境吧。將桌面整理乾淨，並使用可以讓我們把注意力放在工作上的各種工具。

此外，如前所述，我們的意志力是兒童等級，不用一開始就進入高度集中的狀態，也不需要逼自己長時間專注。我們現在還做不到，只需在能力所及的程度和時間內集中精神，如果不滿意，慢慢改善便行。

之前說的「細分工作」也是為了將工作劃分成我們可以專注完成的份量。這當然不是件容易的事，我們多數時候還是會無意識產生許多雜念，讓時間默默流逝。

但是把專注這件事放在心上，即使只能維持很短的時間，但不斷努力，每天集中注意力的時長就會漸漸變久，如此一來，做重要工作時的成就感也會隨之增加。

以番茄鐘工作法練習專注

日常生活中容易挑戰的專注練習有以下幾項。

- 做家事時，只專心做家事。
- 利用番茄鐘工作法，若覺得時間太長，先設定五分鐘。
- 看電影或電視劇時不玩手機。
- 讀完一本書才看另一本。
- 試著寫文章。寫作時只專注於寫作。

其中「番茄鐘工作法」是指：定時二十五分鐘（或一

定時間）專注做一件事，當計時器響起後休息五分鐘，再做下一個循環。

其實，以前我也是只有在做高強度的工作時才使用這種方法，例如大掃除、做研究或報告。我正式使用這個方法是在前年準備考試的時候。準備考試期間，我發現自己在聽一次五十分鐘的網路課程時，確認了至少二十次課程何時結束，我不希望再繼續這樣，便以輕鬆的心態嘗試了這個方法，發現效果非常驚人。

由於我耐不住無聊，所以剛開始是上十五分鐘的網路課程，休息五分鐘。逐漸適應後，便覺得上課時間太短了，於是增加到二十五分鐘，正好符合我的專注力，因此決定將模式定為上課二十五分鐘，休息五分鐘。這個方法讓我有了「只需要專注到計時器響就好」的明確基準點，而這剛好是我可以負荷的量，專注力逐漸提升。在計時器響起前，我什麼都不用擔心，只需要專心聽課。在執行這個方案之前，我總是會不斷確認時間，並計算何時可以休息。

比起上課，解題和複習時，我似乎能專心更長的時間，所以一開始把計時器定成專注四十分鐘，休息十五分鐘。果然，直到計時器響起為止，我不用考慮其他事，完全集中。隨著練習時間的增加，最終模式固定在五十分鐘專注，十五分鐘休息。就這樣反覆進行八到九次，一天就結束了。

使用這種方式時，我特別想對懶人強調的一點就是休息時間！經歷了幾次失敗後，我決定使用兩個計時器。一個設定為五十分鐘（考生用計時器），一個是十五分鐘（在自修中心是靜音碼表，在家裡則用廚房計時器）。剛開始我只用一個計時器，但輪番設定兩個小時後，就開始覺得麻煩，漸漸跳過休息時間。但是，如果不給自己一個休息時間結束的提示，就會想多休息五分鐘，再五分鐘，結果學習五十分鐘卻休息一個小時以上的事情頻繁發生。使用兩個計時器後，可以明確知道專注和休息訊號，更有效率地學習。

不只讀書，工作、做家事，我都非常推薦各位使用番茄鐘工作法。不一定要將模式設定在二十五分鐘、五分鐘的規律，而是根據自己的專注能力隨時調整時間。我可以將容易做的事情設定為兩個小時，太難的工作則抱著試試看的心態做十分鐘。總之，在計時器響起之前，可以在什麼都不用擔心的狀態下認真做一件事，這樣的成效非常大。

改變始於扔掉三籃衣服

沒用的東西一再累積的話，
不好的習慣和負擔就會增加，
判斷力也會變弱，
結果就是我們的思考力、心情，
以及想像具有的力量都無法充分被利用。

——多明妮克．洛羅《理想的簡單生活》

亂七八糟的房間偷走意志力

我過去的人生中，一直沒能做好「整理」這項工作。學生時期，因為置物櫃裡堆滿各種雜物，一打開，教科書就嘩啦啦地掉落；上課時聽到一聲巨響，回頭一看，原來是我的物品從置物櫃中爆出來了；還因為懶得在櫃子裡找書，直接把書堆在桌上，因此被老師罵過幾次。

我在家也不整理，回家後因為太累，就把衣服扔到椅子上，包包也隨便亂丟。我分不清該扔掉的東西和必須留下來的東西，更因為沒有整理，常常遺失卡或口紅等重要物品，常常買新的。髒亂的環境最初是我懶散的產物，但有時也成為我懶惰的原因。想要做點什麼時，首先會覺得髒亂的環境礙手礙腳，我往往以「先收拾房間再做事」為藉口推遲工作，但我當然不會整理房間，所以工作和打掃都沒做好。直到到了不能再拖下去的狀況，才在巨大的壓力下進行大掃除。

然而，我最近在人生中最舒適的環境中度過，於是決定在此公開這個祕訣。

無條件減少物品

為了擺脫懶惰，我所有變化都是以某個契機開始的，仔細想想，這個轉捩點好像是從閱讀極簡主義相關書籍，只留下需要的東西開始。在大規模扔掉東西的過程中，我花費了很長時間，但也體會到丟掉不需要的物品有多輕鬆，並有了新的體悟。處理掉沒用的東西後，房裡有了空間，一直以來悶悶不樂的大腦和胸口開始有了開闊的感覺，身體和思考也變得更輕鬆了。

在日常生活中，不管再怎麼有意去整理，常常一抬頭，就發現周圍又變得亂糟糟。我擁有的物品數量實在太多了，多到我在管理和使用這些物品的過程中，無意識地耗費許多精力。為了解決這個問題，有三種方法：

- ⊘ **有意識地集中精力整理。**
- ⊘ **提升自己的精力。**
- ⊘ **依自己精力多寡減少物品。**

我選擇了第三種方法。第一種方法本來就是因為精力不足，沒有餘裕思考；另外，我不知道提高整理精力的具體方法，因而認為第二種方法會是一場長期抗戰；第三種方法則非常簡單，且成果立竿見影。

我們是懶人，精力本就不高，因此只要盡可能節省管理、尋找以及整理物品所需的能量，就能將精神放在實現目標上。

只要開始做這件事就會發現，如果不是有著非常嚴格的消費模式，身邊不需要的東西就會越來越多。如果把這些空間都空出來，只留下需要的物品，那麼就能把用在搜尋、購買和管理不必要東西的體力用在真正需要的事情上，過上比現在更有效率的生活。

接下來我會以「只留下必需品和可以管理的物品」為大原則展開後面的內容。

只留下必需品

①整理變簡單

最明顯的變化是在衣服、化妝品、浴室用品減少之後。我丟掉了三籃最大號洗衣籃的衣服，現在仍定期整理。我也丟掉了沒用到、在衝動之下買的化妝品，只留下必要的。

現在我的衣櫃裡總是有空間，掛衣服時消耗的精力變少；即使外出前來不及整理，梳妝台也總是乾淨整齊；打掃浴室時也不再需要花很多時間清理放在地面的洗髮精、沐浴乳和護髮乳。

我從這裡獲得成就感，並進一步整理了抽屜的雜物後，如今打開抽屜，能一眼看到裡面的東西，還可以在腦海中勾勒出什麼東西放在哪裡，找東西的時間明顯減少；另外，現在抽屜內部多了很多空間，用完東西後很容易放回原處，可以一直保持整齊乾淨。

如此一來，整理時消耗的能量減少，對打掃的心理排斥消失了大半，一再拖延的情況也消失得無影無蹤，我開始可以把用在拖延和厭煩上的時間及精神用在其他更重要的事情上面。

②整頓日常生活

把使用頻率極低的包包都扔掉後，外出時選擇要揹什麼包包的時間馬上就減少了；化妝時也能迅速找出自己需要的物品；穿搭組合的數量變少，煩惱要穿什麼衣服的壓力也降低了。

整體來說，減少了選擇的數量，等於節省了外出準備的時間，投入選擇的精力和壓力也大幅下降，也極少出現花時間尋找物品的情況。

③因為了解自己，所以可以明智地消費

將必需品留下來，把不需要的東西全部扔掉的過程，也是直接面對自己過往消費方式、生活方式以及喜好的方式。透過分類自身所有隨身物品、必需品、不必要物品的動作，了解自己需要以及想要的是什麼。

雖然有時會有「只擁有這麼點東西好嗎？」的想法，但是只擁有一點點物品，反而比被無數東西包圍的過去更有效率也更快樂。也就是說，理智消費的標準就是審視自己到底需要什麼。

把所有不必要的東西都扔掉並不是一件易事。雖然已

經不再使用那些東西，但不管怎麼說，扔掉外表看起來完好無損的商品，仍然會產生捨不得的情緒和排斥感。於是下次購物的時候，我會更謹慎思考自己是否會使用這個東西？會不會又扔掉？如果將東西賣到二手市場，我會質疑自己為何因為這麼低價且無用的東西花費這麼多錢，甚至對消費本身產生懷疑。

④開啓具生產性的生活

開始丟棄廢物後，我發現自己一直以來在購買物品、整理並管理日常生活所需這些事情中消耗過多的專注力和能量。時時都需要整理東西的精神壓力，以及不能及時把東西歸位，雜物堆積如山後感受到的壓迫感；想著要收拾房間後再做重要的事，結果房間沒有整理也沒做好工作，只虛度了光陰；外出時找不到需要的東西，不僅耽誤時間，甚至因為沒能遵守與朋友的約定，失去他們的信賴；還有因為尋找、比價、衝動購買非必要物品耗費許多精力等等，過去的我沒能意識到自己因為這些瑣碎且非生產性的事浪費了這麼多能量。

這些情況消失後，我的日常生活發生了變化。書桌總是整潔，打開書本學習變得容易；我也看不見讓我分心的小東西，所以更能專心工作。

只留下必需品的六種訣竅

比起前一章我敘述方法論的部分，我認為讀者在閱讀市面上各種極簡主義書籍和網站後，慢慢找出適合自己的方法會更好。在這裡我只分享自己留下了哪些必需品，並介紹幾個親自體驗後覺得有用的小訣竅。

①先把衣服整理好

衣服、時尚配件、飾品、化妝品等物品的數量，遠比我們所需的多，因為這些幾乎每天都會用到，所以比起其他物品更容易掌握用途，但也成為日常中最輕易變亂的東西。也就是說，這類物品整理起來比較容易，而且扔掉後最能讓人感受到變化。

首先，如果只留下必要的衣服、飾品、化妝品，就能確立整理的標準，並體會到只留下必需品的優點，往後處理其他東西也相對輕鬆。

②丟掉東西時不要發揮創意

不要在扔掉的瞬間想著「這個還能這樣用！」急急忙忙尋找新用途。發揮創意才能找到用途的東西，使用頻率一樣很低，即使不那樣用，也不會對生活造成任何影響。

護手霜↓當按摩霜用（不會再使用）
不穿的衣服↓修改後再穿（不會再穿）
不穿的衣服↓當睡衣（大概有二十件了）

如果不是「馬上」會用到，或有明確用途的物品，雖然有些可惜，還是建議處理掉。

③減少儲物空間

抽屜會成為無用東西的避風港。有了抽屜，就能暫時看不見雜物，這讓我們放心，加上沒有必要馬上處理這些物品，所以可以把整理這項工作往後延。但是我們必須正視並分類我們擁有的物品，對於那些完好無損但用不到的東西，要盡快為它們找到新主人，並處理那些壽命已盡的品項，創造空間。

除了固定櫃等沒辦法移動的櫃子外，請把塑膠收納櫃裡的東西全部拿出來，並移除它們。等把沒用的東西都丟掉之後，還需要收納空間時再一個一個拿出來使用即可。收納櫃本身佔有一定體積，所以只要清除收納櫃，就會感覺清爽許多。接著再繼續重覆分類、丟棄、整理物品的工作。

④物品的數量並不重要

「必需品」的標準依個人的職業和生活方式而異，「能管理的程度」也因為每個人精力的多寡而天差地遠，因此我們整理時需要考慮的不是數量，而是是否真的需要這個物品。

對我來說，我不太喜歡化妝，於是把所有的眼影都扔掉了。如果是喜歡化妝的人，可以訂定何時使用哪些眼影等明確標準，這樣就不需要丟掉它們。即使只有一瓶香水，對於不喜歡香水的人，它就成為之後不會使用、並需要處理掉的物品；但如果是真正偏好香水的人，即使有二十瓶香水，也會輪流使用的情況下，就沒有必要承受壓力進行處理。

⑤盡量賣掉不要的東西或送給別人

不要扔掉，把物品分給需要的人，這樣處理物品時產生的心理排斥感就會消失許多。而且整體而言，收到東西的人和自身都能得到好處。

我經常使用的管道是交流社團，如果張貼免費分送的資訊，大部分人都會來拿。賣舊書時，我常透過二手書店。據我所知，也有很多人使用類似二手市場的應用程式。二手市集雖然麻煩，但是很適合賣高價物品。除此之外，仔細搜尋也能發現為流浪狗提供舊衣服的收容所、愛心商店等許多可以捐贈物品的地方。

⑥扔掉不用的東西不是浪費

有些人會因為覺得浪費而心煩。扔掉好用的東西是浪費，但丟掉不用的東西並不是浪費。如果要追究什麼是浪費，就是在買不會用到的東西時浪費了錢，也浪費了用來製作該物品的資源。

以「浪費」為由，一直抓著那些東西不放才是在浪費空間和時間。當然，丟掉這些東西的痛苦可以理解，但要以此為鑑，今後只買必要的物品就可以了。

維持舒適的環境

現在東西都用好了嗎？不過，整理在這裡還沒有結束。我們還有把當天用過的東西馬上歸位這個練習，當這個行為也成為習慣後，我們才能維持乾淨的日常空間。下面介紹幾個不用花太多精力也能保持整潔的小訣竅。

✓ 準備一個籃子。

輪流使用兩個以上包包，且不太會整理的人，外出前往往會為了急著找重要物品（卡、口紅、錢包、鑰匙等）

把整個房間都翻過來，讓房間像是被炸彈炸過一樣。

翻找房間內所有抽屜，掏出一周前穿過的衣服口袋，連前天揹的包包夾層都抖一抖。這樣一來，遲到是必然的。因為趕著出門，沒有時間整理，就此開啟了髒亂的惡性循環。房間大的話，這個問題會更嚴重。

為了不要變成這樣，請準備一個大小適中的敞開式籃子，一回家就把衣服口袋和包包裡的所有物品全部倒到籃子裡。重點是「全部倒進去」！千萬不要一個一個放進去，請別想著要用這種方式整理，這對我們來說等級太高了。如果想制定規則來整理籃子內的東西，我們很容易就因為麻煩不做，因此只要把包包翻過來，抖落裡面所有東西就可以了。

沒有必要每次外出都花時間想隨身物品在哪，或為了找東西把整個房間都翻過來，反正東西都在籃子裡。如果無法徹底整理，僅透過這個訣竅，生活品質就能大幅提升。

☑ 回家後請空出十五分鐘的整理時間。

請準備一個計時器。不要使用按鈕很多的計時器，只需像廚房計時器一樣，按鍵大、操作直觀且簡單的就好。準備好計時器後，回家請設定十五分鐘，在時間內換好衣服，掛回原位，整理包包，做簡單的清潔。令人驚訝的是，我發現做完這些事只需要十五分鐘。

十五分鐘內做不完嗎？那麼請再設定下一個循環。十五分鐘太長？那就縮短成十分鐘吧！如果還是覺得太長，五分鐘也可以，重點是不要讓自己覺得有負擔。

✓ 減少物品。

事實上，這是最根本也最重要的解決方法，但很難在短期內做到，所以放在後面講。東西少的話，即使不怎麼整理也不會很亂。即便雜亂，整理所需時間也相對較短。

使用的化妝品只有三個的話，出門前不論再怎麼匆忙，梳妝台也不會變亂；餐具若只有一個飯碗和一個湯碗呢？那麼水槽絕對不會堆超過兩個碗。以上是幾個極端的例子，希望大家能親身體驗一下，每次減少東西時，都會感受到生活品質的提升。

✓ 找到髒亂的源頭。

大家仔細觀察房間變髒的過程就會發現，絕對不是所有區域都是以平均的速度一起變髒的。通常，經常使用的地方（書桌、化妝台）或容易放置雜物的空間（例如椅子或床上）會最先開始變亂。如果意識到某一處髒亂，很容易就會覺得其他地方也很亂，想維持乾淨整齊的決心也會瞬間破滅。

如此一來，我們就會放棄對保持乾淨應有的責任感，任由髒污擴散到整個房子，生活空間變得雜亂不堪，工作、睡眠、吃飯等生活品質變差，讓人越來越不想整理，最終導致情況不受控制。

請仔細觀察房間是從何處開始變髒的。就我的狀況來說，書桌是老家房間變亂的源頭；在租屋處，髒亂的起點則是堆積的碗筷。你也找到源頭了嗎？那麼請在固定的日子清理那部分。我建議每天在固定時間設定鬧鐘，整理容易髒亂的地方。我習慣每天睡前整理桌子。

☑ 習慣一動作一歸位。

雖然這是理所當然的事，周圍環境並不是因為少用的東西而變髒的。原本放在櫃子的沐浴用品即使散放在房間各處，一時也不會造成困擾。空間變亂的主因是那些生活中經常使用的物品，因為經常使用，所以認為不需要馬上歸位，於是它們在日常的動線中迷失了方向。

好比說，在客廳邊喝飲料邊看電視後把杯子放在客廳；拿著書進入廁所，便不記得把書放回書房；或是從抽屜裡拿出訂書機裝訂文件，就沒放回原來的抽屜裡。只要把這些東西放回原位，空間就不會髒亂。

所以請養成在日常的空間裡移動時，隨手將東西一一歸位的習慣。既然要移動，就順便把因為沒歸位，覺得礙眼的東西放回原處吧！去廚房拿零食時順手把桌上的杯子收好、鎖門時把書桌上的指甲刀放進玄關抽屜裡……如果能養成這個習慣，不做身體反而會覺得不自在。

改變定型已久的習慣

為了改掉舊習慣，讓新習慣變得強大，
我們需要什麼呢？
如一位優秀教練應該具備的品德一樣，
耐性、寬容的心，還有幽默感。
不寬厚的人是做不了多久的。

——郭莎拉《站著、坐著、走路的方法》

僅靠意志力很難和手機說再見

本章將介紹改善手機成癮症的方法。手機成癮是毀掉我前半段人生的最大因素，我經常瀏覽各種社群軟體和社團，平均每天使用手機至少六小時，嚴重的時候甚至使用了十二小時以上。事實上，如果日常生活比手機更有趣，手機成癮這件事就能自動治癒。如果搭豪華遊輪旅行，大家還會像現在一樣一直玩手機嗎？稍微思考一下就能得出答案了吧！

如果現在無法馬上用有趣的事情填滿生活，就嘗試透過調整手機使用時間來解決成癮問題吧！減少使用手機的時間，將注意力轉移到現實，並開始思考如何用事情來填補原本空閒的時間，使生活變得更有趣，進而產生良性循環。

想要減少滑手機的頻率，僅靠我們自發的意志力是不夠的。這本書裡我想強調的就是，如果能得到別人的幫助，務必請對方幫忙。可以請同居者監視，約好如果不遵守使用規範就要交罰款，或者在一定時間內把手機交給他人保管等等。

如果無法得到他人幫助，則必須做像是屏蔽手機內容或鎖住手機等強制性的措施。

戒除手機成癮的意識重建

我認為「手機成癮」的人，必須意識到自己正在利用手機逃避現實這件事。

以我來說，我是用手機來逃避前途、人際關係、學習等重要但繁重的任務。正視並解決眼前的問題，讓我感到害怕且吃力，所以選擇逃避。避開所有要做的事情後，我剩下太多時間，為了減少這種空暇，我得做點什麼，所以決定用最容易觸及的手機打發時間。

加拿大心理學家布魯斯．亞歷山大博士的「老鼠樂園」實驗讓我印象深刻。

被孤立的老鼠容易對嗎啡產生依賴；但擁有玩具，並處在寬闊、能與其他老鼠自然交流環境下的老鼠則不容易上癮。這個實驗給了我許多關於手機成癮的啟發。

聽到實驗內容後，我受到了衝擊，我意識到自己在手機上度過了多麼沒有意義和無趣的時間。雖然社群軟體裡的每個訊息看起來都很重要，似乎沒看就活不下去，但是真正關掉手機後，常常發現自己幾乎想不起大多數的貼文。瀏覽別人的帳號，會沒完沒了地看下去，但是離開頁面後，內心往往只剩下苦澀的感覺。

我嘗試了很多方法，卻發現漸進地、自發減少手機使用時間的方式完全沒有效果，如同對於習慣吃到肚子撐的人來說，控制食量是很困難的。即使告訴自己今天只能碰手機三小時，明天只能用兩個小時，或是只能再玩五分鐘，最後還是會超過自己界定的時間。

如果社群媒體甲和乙兩個中決定刪除乙，只使用甲，這種方法雖然不是完全沒有效果，但是因為之前的慣性，一定會用甲來填補不玩乙的時間，因此，如果下定決心要戒掉習慣，建議盡量以「全有或全無」的方式戒除。為此，我使用的方式是更改不持續使用的社交網站密碼，並刪除帳號。

在停用時登入的話，帳號會重新啟用，因此必須換成不易記得的密碼。首先，在記事本上打下複雜的英數字，接著複製貼上，改為社群網站的新帳號密碼，這樣就可以減少在停用後重新登入的可能。如果擔心自己還是會使用，可以將能更換密碼的聯絡處設定為家人電子信箱或手機，只有在非常緊急時才能問家人變更的密碼為何。

成癮者們滑手機並不是為了獲得樂趣，只是為了打發無聊，以慣性、淡漠的心情去做而已，是簡單且不需要思考的模式。

如果不用手機，似乎就會變得非常無趣，世界也會變得空虛，但堅持一段時間後就會出現比想像中更平靜的情緒。此外，我們也會為了填滿多出來的時間，開始做些具生產性的事——事實上，除了不具目的性地使用手機，很多事情都是有生產性的——集中精神做其他事，就會覺得生活很有意義，並產生成就感，想玩手機的衝動也會越來越少。

防止戒斷症狀

我們必須先為電子產品的戒斷症狀做好準備。不使用手機、電腦，只要是無害的事情，不管做什麼都可以。如果可以的話，不要看電視，最好是運動、看電影、解數獨，或做體操、看書寫作、畫畫，散個步、做些手工藝等等，這些都比玩手機更具有生產性。

其實屏蔽軟體能阻絕的內容並不多。事實上，要切斷所有引起我們興趣的內容是不可能的。像是關閉kakaotalk（或line）通訊功能後，它依然具備看新聞和搜尋的功能，因此進一步的設備阻斷似乎才是最根本的解決之道。

在說明設備阻斷方法前，首先，我建議別在這方面省錢。如果忽視中毒的風險，只會讓自己花更多錢。另外，希望各位不要想著買不方便的折疊式手機來減少使用，或許真的可以減少玩樂，卻造成長期的不便，得不償失。

設備阻斷法

手機應用程式：花了多少時間（免費）

非常優秀的應用程式，而且可以免費下載。首先，大家需要確認自己一天的手機使用時間。雖然可能會因此受到衝擊，但還是必須了解自己花費在手機上的總時數，以及每個應用程式使用時間。在程式的阻斷功能中，除了各時段的自動屏蔽功能之外，還可以移除並阻斷正在使用的應用程式，非常方便。

但有一個缺點，那就是只要努力，還是可以突破該應用程式的阻攔，所以這只適合有一點自制力、不會努力破解應用程式的人使用。

手機鎖定盒：Kitchen Safe

這是一款配有計時器的堅硬塑膠盒。我使用過的鎖定盒中，這是最強的。

目前可以在 Amazon 等地方購買，需要約兩到三周的寄送時間。中間大小的盒子大概六萬韓圜左右，運費稍微貴了一點，但我不後悔購買。

操作原理很簡單，放入手機、設定時間，按下啓動卽可。在指定時間結束之前，沒有任何方法可以打開，唯一能打開的方式就是撬壞盒子。

如此一來，我往往放進去後就死心了，因爲我知道不管用什麼方法，到時間結束前都沒辦法使用手機，就會放棄，並專心做其他事情。但我不推薦那些常常有重要事情需要聯絡的人們使用。

即使懶散，也不該忘記的事

不知不覺來到最後一節。假設讀者們從本書發現了能幫助自己的方法，並從明天開始執行，運氣好的話，就能不斷成功，持續改變。

可是，多數的懶人會因為今天跨出一步，心情變好，卻還是在接下來的新嘗試中失敗。雖然新方法能勉強維持幾天，但是一旦產生某些變數，恢復懶惰生活模式的機率也很高；或者會持續重複變化、回歸、變化、再回歸的模式，最終覺得自己原地踏步；又或是按照指示去做，卻因沒辦法馬上看到顯著變化而感到鬱悶。

我也一樣，雖然長篇大論寫了這本書，但我也沒能完全擺脫控制我超過二十年的懶惰。我有時依然會對自己嘆息，還是有一整天都在看電視劇，後悔不已的日子；或者對要做的事置之不理，結果一個都沒完成，浪費一天的時候；更有時會稍微鬆懈，又回到凌晨四點睡覺的生活模式，需要再度努力找回規律的生活。

這些焦慮很容易讓人動搖，並因他人的指責而受傷。

「你就不能持續努力嗎？為什麼只會想卻不去做？為什麼每天都這麼晚睡？為什麼要逃避該做的事，去做其他無意義的活動？」

這樣的指責乍看是合理的，但懶惰的模式不是我們下定決心就能夠馬上矯正的。這種覺得自己天性懶惰，無法改變的想法只會讓自己挫折。

我之前也是這樣，不斷嘗試，持續幾天後又失敗，認為自己本來就很懶惰，反覆放棄數十次，最終得到了有意義的變化。對此，我的感受是：中途失敗並不重要。重要的不是每天的成就，為了擺脫幾十年來累積的懶惰而選擇改變，這個選擇本身和決心才是最重要的。

在這個過程中，我感受到懶惰和勤勞不是心態問題，而是身體和習慣的問題。即使今天在游泳理論書中仔細閱讀了划手和踢腿的方法，下定決心從明天開始好好游泳，身體也絕對不會一下子就流暢地擺動。先生疏地抓著浮板練習踢腿，起初可能會被水嗆到，但反覆練習幾天後，漸漸熟悉姿勢，不知不覺身體也能浮起來。

我認為戒掉懶惰的過程和學游泳很相似。即便讀了本書，決定從明天開始認真生活，勤奮也不會馬上被身體所消化。但是即使不太熟練，從今天開始一點一滴養成正確習慣，並以此為基礎，明天就能養成更高強度的習慣。我認為，如果反覆經歷錯誤，並不斷嘗試，不知不覺就會達到不再懶惰的程度，因為身體已經有了慣性，就算回到原點，也可以憑藉之前克服懶惰的經驗，輕易地從怠惰的泥沼重新走出來。

剛開始可能會跌跌撞撞，走得比別人慢。打個比方，我們拿到駕照後從沒開過車，現在需要開已經被閒置很長一段時間的車子。在這種情況下，後悔對我們來說沒有任何幫助，既然已經下定決心，就應該好好修理故障的零件，將車子加滿油，開始練習，讓自己重新熟悉這部車。

當然，我們可能會反覆急煞，車體咯噔晃動，看著其他靈活行駛的車輛，感到羨慕和心急。但是，如果沒有經過初期修理汽車、練習駕駛、熟悉車輛等階段，就無法輕鬆自如地駕駛。其他人過去也經歷過這些過程，現在才得以盡情兜風。

希望大家相信，自己在不久的將來也能像別人一樣做到。在經歷如此緩慢的變化後，得到不會輕易被懶惰所壓倒的堅強毅力，並獲得再次變懶惰也能輕易恢復的彈性。

比成癮更危險的自我貶低

最後，請不要自我貶低。這是我在本書中最想強調的。之前的我甚至無法意識到我正在貶低自己，因為這個行為已經深入我的生活，幾乎像呼吸一樣。

我因為懶惰，總是不自覺地感到挫折。別人那些「只要那樣做就行，為什麼做不到」的非難，讓我覺得自己像個傻瓜，甚至覺得這些批評很合理，感到非常痛苦。我已經因此指責自己許多次。

想戒掉懶惰但無法輕易改變的各位，或許也有著自我貶低的習慣。我也在每一個小行為中慣性出現這種情況。

晚起的時候會自我指責，因為玩手機錯過公車又再罵了自己一次，上課難以專心時、該做的功課沒做、回家後看到亂七八糟的房間、晚上沒有繼續讀書時，不知不覺耍廢直到睡前……我就這樣，以「我真差勁」開啟日子，並以「我好失敗」作結。每當來到一天的結尾，我都會產生愧疚感，隨著這樣的日子一天天累積，我的身體不知不覺充滿了自我貶低和羞愧的心情。但這種羞愧並不是大多數人能夠理解的，這是認為自己活得很挫折所造成的痛苦，在心裡默默化膿。

　　我也曾有過更高層次的自我貶低。在準備考試或專題研究時，我因為惰性總是沒盡全力，即便最後結果不錯，我也無法打從心底認可自己，並總是感到不安，因為我深知這個結果不是靠自己的實力，而是靠運氣獲得的，所以無法盡情開心。即使得到他人稱讚，我也無法產生欣喜之情，內心很空虛。

但這並不意味著我取得的成績不理想，相反地，如果出現好的結果，羞愧感會更重，我總會出現類似「早知道就更努力了，我為什麼會這樣」的懊悔，並漸漸討厭自己。在這些事情重複發生幾次後，我不再相信自己，因為我知道我並不會努力，也開始害怕新的嘗試。

很常自我厭惡的我，在此果斷告訴大家：若想真正擺脫懶惰，就要有意識地戒掉這種根深蒂固的自我貶低習慣。

我之所以這麼說，不是因為指責會讓人心情變差，也不是因為這麼做自尊心會下降，或是認為我們應該要珍惜自己。當然，這些都是重要因素，但卻不是決定性原因。

我也不認為應該無條件愛護自己。雖然生活中他人嚴厲且一針見血的責備可能會讓人心情不好，但從長遠的角度來看，這些批評讓我學會腳踏實地，並對成為更好的自己有所幫助。那麼，我為什麼會建議不要自我貶低呢？

☑ 不能自我貶低的決定性原因是，它對自我發展毫無幫助。

如果自我責備後，除了心情變差之外，能對自我發展有所幫助，那我就不會阻止。然而，自我貶低對自身發展沒有任何貢獻。即使他人透過客觀分析指出問題，並提供有效的改善對策，我們也不一定會改變，更何況是以自己沒做好任何事為由，懷著負面情緒所進行的指責，那當然對自我進步沒有任何助力。

雖然也有人能將負面情緒轉化為動力，但大部分的我們不是這種人，如果改正懶惰期間有過將自我貶低變成前進的動力，我想大家就不會翻閱這本書了。

如果自我貶低到讓自己覺得無助的程度，甚至妨礙我們積極改變自己，那麼它便是鞏固「我本來就不是認真的人」這種認知的主犯之一。隨著「我原本就做不來」的心聲越來越強烈，行動的趨進力和自信心也會隨之下降。

✓ 自我貶低可以讓錯誤的時間倒流嗎？

✓ 自我貶低能讓我成爲更好的人嗎？

✓ 我想做一個自我貶低且停滯不前的人嗎？

上述沒有任何一項答案是正面的。雖然大家可能已經聽膩了，但是我要再強調一次，我們的意志力還停留在幼稚園兒童的水準。假設現在有一個讀幼稚園的姪子，而他昨天沒做好該做的事，我們應該要陷入完美主義並為此痛苦？還是要想著這是有可能發生的，請他重新確實地把今天要做的事做完就好？當然是後者。

若是可以不犯絲毫錯誤，每天實現目標，沒有一天鬆懈，堂堂正正地度過，那當然是最理想的。如果下定決心嘗試新的方法，且意志力也能馬上增強的話，我們就不會懶惰到現在了。在試圖改變的過程中會有些鬆懈是正常的。

我身邊努力生活的朋友們如果狀態差或心情不好，也會暫時休息。認真生活的人都無法每天如一，長期懶惰的我們跌跌撞撞不是理所當然的嗎？

結語

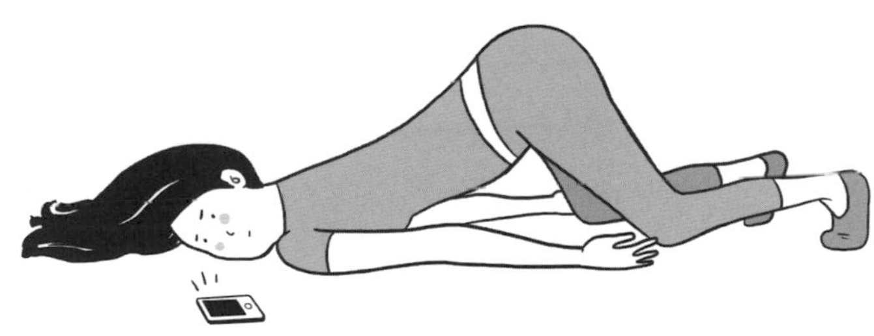

為了擺脫懶惰而奮鬥的人生

概括前面所有的內容，要明白：

- 在試圖改變的初期，可能會比他人更加顛簸且緩慢。
- 不要因爲不如意就貶低自己。這沒有任何幫助。

這樣就行了。當然，肯定有天生就很勤奮的人，所以能夠發揮的最大力量因人而異。

我的周圍有——非常令人驚訝——一天只睡五個小時就足夠的人，也有——雖然我不太能理解——不喜歡睡覺、不停歇地做各種工作的朋友，甚至還有人說，在實現艱難目標的過程中經歷痛苦、焦躁和不安感是一件好事。

我不論重生多少次，都無法像他們那樣勤奮地生活。但是，在嘗試自己的最大能力到達什麼程度之前，不會有人知道自己可以做到什麼地步。「不因為懶惰討厭自己」、「做自己該做的事」與能力無關，是任何人都可以做到的，因為連像我如此懶惰的人都成功了。

雖然與懶惰沒有直接關係，但我的諮商師曾說過一句讓我很有共鳴的話，我希望這段話能對讀者們有所幫助。

「雖然天賦這件事是存在且不可改變的，但我不想放棄。右撇子不可能立刻成為左撇子，但只要想著『做到差不多』就可以了。即使我是右撇子，也能在一定程度上學會使用左手的方法，即便做得沒那麼好。」

推薦文

總有一天會改變

我和妻子第一次牽手的緊張感還歷歷在目，她的手指比普通男人的手指還要長。在手掌相碰之後，那種緊張感不知為何變成恐怖的感覺，因為奶奶曾說過的「手指長的人很懶惰」這句話深深烙印在我腦海裡。

結婚後觀察妻子的生活，我發現除了經常會在空閒時睡覺之外，她比我勤奮多了，因此我逐漸擺脫「妻子也許是個懶人」的恐懼。一段幸福的生活後，又迎來了可怕的日子，因為兩個女兒誕生了。兩個孩子都像妻子，手指特別長，我安慰自己：「即便如此，如果像媽媽的話，應該就沒問題了。」

事實上，我就是因為懶惰，才希望能迎接勤奮的人來當自己的家人。第一個孩子長大後雖然有些懶惰，不過還算認真，所以我茫然的不安感也消失了一些。但這樣的擔心還是隨著老么智二的成長逐漸變成現實。她常常一進門就用腳踢開鞋子，將鞋子甩得遠遠的，房間的衣服和東西凌亂不堪，書也到處亂放。

智二小時候和姐姐一起學鋼琴，但她其實對鋼琴沒有興趣，只是去補習班看漫畫，有時甚至比姐姐還晚回來。

不過當時我們夫妻倆尚未掌握她的個性，以為她真的對鋼琴非常著迷，還為此感到欣慰。某天，老二突然表示不再去學琴了，失去優秀鋼琴天才而感到遺憾的我們，後來才知道她放棄的理由，是因為補習班再也沒有她感興趣的書了。

看著智二上學（每次考試都是臨陣磨槍）、睡覺（高中時遲到的理由有四分之三都是因為睡過頭）和做其他事情，妻子與兩個孩子的長手指，與我的懶惰特性重疊在一起，讓我的恐懼真正地成為了現實。即便如此，我還是持續向她提出「早睡早起、持續學習」等建議，卻沒能發揮多大效力。從那時起，身為父母的愧疚感逐漸湧現，唯一能安慰我的是「子女是為了培養父母的耐心而來到世界的老師」這句話。

我看了一篇充滿智慧的文章，領悟到四種教育子女的方法。第一是心教（首先父母要擁有開明的心），第二是行教（父母以行為做出榜樣），第三是言教（用言語好好教導和引導），最後才是嚴教（嚴格地教育）。智二拜託我寫推薦文已經過了好長一段時間，我到現在才寫出這篇文章，再次切身感受到智二的天性從何而來。

我過去對智二的嚴教和言教不僅沒取得任何效果，還被她完全拋諸腦後，於是我們能夠努力的部分只剩下行教和心教了。我承認智二的懶惰和無數煩惱，都是從身為父母的我們這所繼承的，但我希望她能以開朗的心態認可自己為了擺脫懶惰所做出的努力。

幸運的是，不知從何時起，智二慢慢改變了。睡覺和起床的時間逐漸變早；以前拖一個小時之久才洗完的碗，最近剛吃完飯就洗好——甚至在我們要求前，她就會打掃完房間並幫忙做家事，現在每次打開智二房門，看到摺好的棉被和乾淨的書桌，我都很感動。

我總是好奇智二怎麼會有這樣的變化，直到讀了這本書，我才稍稍理解智二的心理。如果是想擺脫懶惰的人，或是有懶惰孩子的父母，這本書值得一讀。

真懶人智二的父親

告別懶惰　真懶人寫的懶散擺脫術／
智二　著；陳宜慧　譯
-- 初版. -- 臺北市：笛藤, 2021.08
面；　公分
譯自：진짜 게으른 사람이 쓴 게으름 탈출법
ISBN 978-957-710-824-1

1.成功法 2.生活指導

177.2　　110011095

2021年8月28日　初版第一刷　定價 320元

作　　者	智　二
翻　　譯	陳宜慧
編　　輯	江品萱
美術設計	王舒玗
總 編 輯	賴巧凌
編輯企劃	笛藤出版
發 行 所	八方出版股份有限公司
發 行 人	林建仲
地　　址	台北市中山區長安東路二段171號3樓3室
電　　話	(02) 2777-3682
傳　　真	(02) 2777-3672
總 經 銷	聯合發行股份有限公司
地　　址	新北市新店區寶橋路235巷6弄6號2樓
電　　話	(02)2917-8022 · (02)2917-8042
製 版 廠	造極彩色印刷製版股份有限公司
地　　址	新北市中和區中山路二段380巷7號1樓
電　　話	(02)2240-0333 · (02)2248-3904
印 刷 廠	皇甫彩藝印刷股份有限公司
地　　址	新北市中和區中正路988巷10號
電　　話	(02) 3234-5871
郵撥帳戶	八方出版股份有限公司
郵撥帳號	19809050